Orbis

Gedächtnistraining durch GEHIRN JOGGING

von Frank Berchem

Kopftraining nach der Fischer-Lehrl-Methode

Orbis Verlag

Herausgeber:	Prof. Dr. med. Bernd Fischer
	Dr. Siegfried Lehrl
Konzeption:	Frank Berchem
Autor:	Frank Berchem
Koautor:	Detlef Staadt

Genehmigte Sonderausgabe 1997 für
Orbis Verlag für Publizistik GmbH, München

Lizenzausgabe der Multi Media Verlag KG, Dorsten
Druck und Bindung: Wiener Verlag, Himberg
Printed in Austria · ISBN 3-572-00836-0

Leben ist Lernen!

Denn Leben ist ein energiegewinnender und informationsverarbeitender Prozeß. Beides ist voneinander abhängig. Nur durch Information kann man Energie gewinnen, nur durch Energie Information verarbeiten!

DIE ENERGIESPIRALE BRINGT SIE IN SCHWUNG

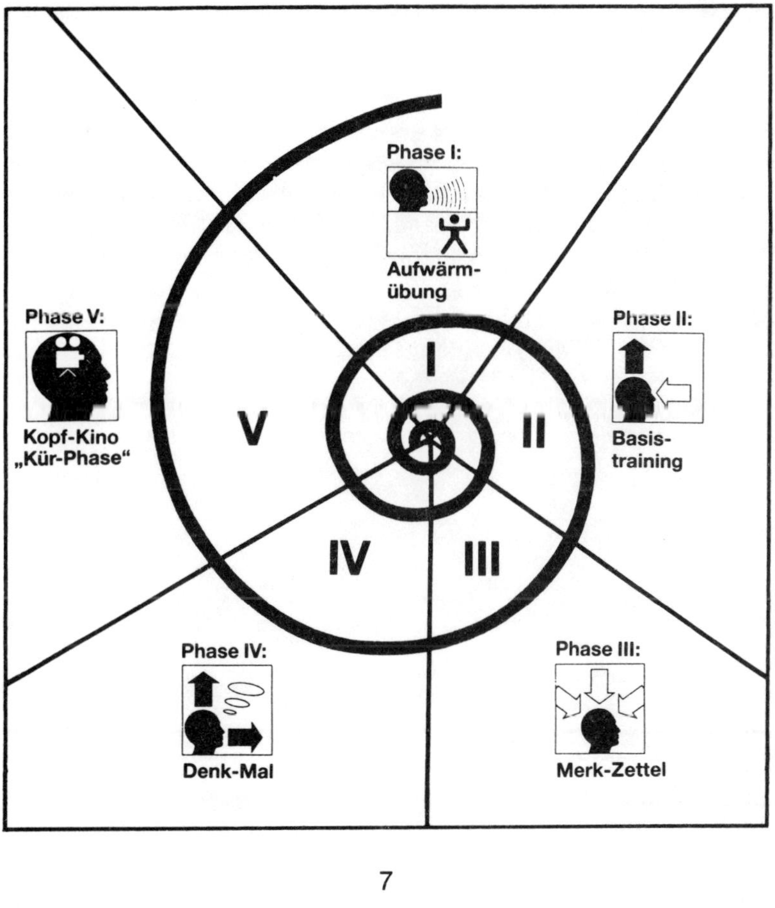

Phase I: AUFWÄRMÜBUNG für optimale Lernbereitschaft

- Atemtechnik für Entspannung, Konzentration und neue Energiegewinnung
- Gymnastische Übungen für mehr Durchblutung, Fitneß und Entspannung

Die Atemübungen fördern Ihre Entspannung und Konzentration. Die gymnastischen Übungen bewirken eine körperliche Aktivierung, durch die der Kreislauf besser in Gang kommt, der Körper und das Gehirn besser durchblutet und mit Sauerstoff und Zucker versorgt werden. Damit gewinnen Sie die nötige Energie für die Leistung Ihres Gehirns.
Die Phase I des Gehirn-Joggings versetzt Sie so in einen Zustand der „vollen Wachheit“. Er ist die Voraussetzung für größtmögliche Lernbereitschaft und Lernfähigkeit.
Atemtechnik und körperliche Aktivierung schaffen optimale Voraussetzungen für das geistige Basistraining (Phase II).

Phase II: BASISTRAINING für das Meistern von Informationen

Informationen
- besser aufnehmen
- besser verarbeiten und anwenden
- speichern

Mit dem Basistraining trainieren Sie zwei der wesentlichsten Leistungen des Gehirns:

1. die Informationsaufnahme, damit Sie mehr Informationen in kurzer Zeit aufnehmen können und
2. das Behalten der Informationen im Kurzspeicher, damit Sie sie besser und schneller anwenden können.

Auch durch diese geistigen Aktivitäten wird Ihr Gehirn stärker durchblutet. Sie bringen Ihre „grauen Zellen" in Schwung und können so dafür sorgen, daß Ihr Gehirn immer jung bleibt. Es ist nämlich nicht wahr, daß sich die Gehirnzellen im Alter verringern. Wenn man sie trainiert, bleiben und werden sie wieder voll leistungsfähig. Das haben Prof. Dr. med. Fischer und Dr. Lehrl und viele andere wissenschaftlich nachgewiesen.

Phase III: MERK-ZETTEL für ein besseres Gedächtnis

- mehr Können und Wissen
- Einprägen von Wissenswertem, z. B. über Ernährung und Gesundheit
- Auffrischen der Allgemeinbildung

Mit der III. Phase, dem „Merk-Zettel", trainieren Sie die Speicherung von Informationen im Langzeitgedächtnis.
Das bedeutet, Sie üben, sich etwas über einen längeren Zeitraum einzuprägen und sich daran zu erinnern.
Im „Merk-Zettel" bieten wir Ihnen hierfür „Wissenswertes" über Ernährung, Gesundheit, Politik und vieles andere.
Das macht geistig beweglicher und läßt Sie aktiv am Leben teilhaben.

Phase IV: DENK-MAL für Kreativität u. Denkvermögen

- Geist und Gedächtnis mit Freude trainieren
- Freizeitspaß
- Tips, Kniffe und Strategien

Die Phase IV des Gehirn-Joggings bietet Ihnen Knobeleien, Rätsel, Tricks und Kniffe, mit denen es Ihnen sicher ganz besonderen Spaß machen wird, Ihr Gehirn fitzuhalten.
Sie erwerben Strategien, mit denen es Ihnen leichter fällt

- Informationen zu verarbeiten,
- Ihr bereits vorhandenes Wissen zu erinnern,
- Probleme zu lösen.

Ein besonderes Angebot des Denk-Mals ist der „Tip des Tages“. Er enthält eine zusätzliche Idee, mit der Sie sich über das Tagesprogramm hinaus beschäftigen können.
Mit dem „Denk-Netz“ können Sie sich leichter erinnern.

Kür-Phase V: KOPF-KINO für positive Lebensgestaltung

- Vorstellungskräfte entwickeln und Bilder vergegenwärtigen:
- Für seelische Ausgeglichenheit
- Für Gesundheit und Heilung
- Für das Lösen von Alltagsproblemen

Kopf-Kino ist die „Kür-Phase“ des Gehirn-Joggings. Sie erfahren, wie Sie Kräfte, die in Ihnen selber ruhen, für eine positive Lebensgestaltung wecken und nutzen können. Beim Kopf-Kino erzeugen Sie vor Ihrem geistigen Auge Filme. Mit Hilfe der dabei von Ihnen entwickelten Vorstellungskräfte und positivem Denken können Sie zur Aktivierung von Selbstheilungskräften, zur Stärkung des Selbstwertgefühls und Selbstvertrauens gelangen und Lösungen für Schwierigkeiten und Probleme finden.

Es ist sinnvoll, die Phasen I bis IV des Gehirn-Joggings unmittelbar hintereinander durchzuführen. Die Phase V, das „Kopf-Kino“, sollten Sie unabhängig von den ersten vier Phasen durchführen, immer dann, wenn Sie Ruhe und Lust dazu haben.

Statt eines Vorworts

Liebe Gehirn-Joggerin, lieber Gehirn-Jogger,

um fit zu sein und zu bleiben, muß man etwas für seinen Körper tun, vor allem auf die Ernährung und Bewegung achten. Das haben inzwischen viele verstanden.

Geist und Psyche täglich zu üben, war den meisten bisher jedoch nicht selbstverständlich. Doch plötzlich setzt sich die Einsicht in diese Notwendigkeit bei vielen durch.
Wahrscheinlich tragen dazu die neuen wissenschaftlichen Erkenntnisse bei, daß Gehirn, Geist und sogar Gefühle wie Muskeln geübt werden müssen, täglich.

Für den Menschen haben Gehirn und Geist besondere Bedeutung. Das geht schon daraus hervor, daß das Gehirn eine Energiezentrale des Körpers ist: Obwohl es nur 2 bis 3 Prozent des gesamten Körpers wiegt, verbraucht es 20 Prozent des Sauerstoffes und die Hälfte des Zuckers zur Gewinnung der Energie, die man beim Wahrnehmen, Denken, Erinnern, Fühlen benötigt.

Mit der Leistungsfähigkeit dieses Gehirns ist die des Geistes, Gedächtnisses und sogar der Gefühle eng verbunden. Umgekehrt regen geistige Aufgaben und Probleme das Gehirn an, seine Leistung zu erbringen. Nur ein geübter Geist und das dabei mittrainierte Gehirn schützen vor dem schleichenden Verfall. Nur Fordern fördert.

In dem vorliegenden Fünf-Phasen-Programm werden neben den Gehirn-Jogging-Basisaufgaben Aufwärm-Übungen, das „Kopf-Kino“ und viele Möglichkeiten zur Verbesserung der Lebensqualität angeboten. Es ist ein Rundum-Programm. Nehmen Sie es, auch wenn es Spaß macht, ernst, mindestens so ernst wie Ernährung und Bewegung.

Mit freundlichen Grüßen
Ihre

Prof. Dr. med. B. Fischer

Dr. S. Lehrl
Diplom-Psychologe

Alles Lernen ist ein Sich-Erinnern. Das ist ein Wort von Platon. Eine alte chinesische Wahrheit sagt: Lernen ist wie rudern gegen den Strom. Sobald man aufhört, treibt man zurück. Und von Marc Aurel stammt der Satz: Unser Leben ist das Produkt unserer Gedanken.
Diese drei Worte hätten wir am liebsten GeJo und GeJog, unseren Gehirn-Jogging-Partnern, in den Mund gelegt, denn sie bilden genau den Hintergrund, vor dem wir unser Gehirn-Jogging-Programm entwickelt haben.

Als Symbol haben wir die Spirale ausgewählt. Die Spirale ist Strukturelement und Ordnungsprinzip der Natur, von Molekülen bis hin zu den Milchstraßen. Sie steht auch für die Gewinnung von Dynamik und Energie. Leben ist Energiegewinnung. Nur durch die Verarbeitung von Informationen wird Energie gewonnen und nur durch Energie kann man Informationen gewinnen.
Die drei Spiralen ineinander sollen die Einheit von Körper, Geist und Seele versinnbildlichen.
Die Basis für das Gehirn-Jogging-Programm sind viele wissenschaftliche Untersuchungen und Erprobungen, ganz besonders die von Prof. Dr. Fischer und Dr. Lehrl, die zu sehr positiven Ergebnissen bei nahezu allen, die mitmachten, geführt haben.
Das nun entwickelte Gehirn-Jogging-Programm mit den fünf aufeinander abgestimmten Phasen – eine biologisch-ganzheitliche Methode – soll aufbauend auf diesen Ergebnissen Ihre geistigen, seelischen und körperlichen Kräfte, die einander bedingen, fördern helfen.
Die Leistung aber müssen Sie persönlich, am besten täglich, erbringen, damit Sie immer auf der Höhe sind und Ihre Kontaktfähigkeit und Handlungskompetenz, Ihre Selbstbestimmung, Intelligenz und Gesundheit erhalten und verbessern.

Gehen Sie mit Freude an Ihr tägliches Gehirn-Jogging-Programm, denn was man gerne macht, macht man gut. Wenn etwas mißlingt, eine Aufgabe einfach nicht zu lösen scheint, Fragen nicht zu beantworten sind, machen Sie sich keine Gedanken. Seien Sie auch mit kleinen Fortschritten zufrieden und freuen Sie sich darüber. Alle, die an der Entwicklung des Gehirn-Jogging-Programms beteiligt sind, wünschen Ihnen viel Spaß und Erfolg.

Ihr
Frank Berchem

PS: Übrigens, Jogging, kommt aus dem Englischen: „to jog“ heißt „anstoßen, aufrütteln“, und das wollen GeJo und GeJog.

Phase I: Aufwärmübung

Sie sollten Ihr Gehirn-Jogging immer mit der Aufwärmübung beginnen. Wenn Sie sich durch die Atemübung entspannt und konzentriert haben und Körper und Gehirn durch Gymnastik und die isometrischen Übungen besser durchblutet werden, haben Sie sich bestmöglich für das folgende Basistraining vorbereitet. Dann haben Sie die optimale Lernbereitschaft und Lernfähigkeit erreicht.

An jedem Tag werden wir Sie immer wieder auffordern, an die so wichtige **Atemtechnik** zu denken. Die Atemübung dient auch der Entspannungsphase beim Kopf-Kino. Im übrigen hilft sie immer dann, wenn Sie sehr aufgeregt sind oder sich zerschlagen fühlen. Das richtige Atmen bringt Ihren Körper und Geist in Einklang.

Alle **gymnastischen Übungen** dienen dem Dehnen, Strecken und Lockern. Sie sollten alle Übungen ruhig und mit gleichmäßigem Kraftaufwand durchführen. Vermeiden Sie abrupte, harte Bewegungen.

Isometrische Übungen dienen der Durchblutung und Kräftigung, vor allem aber der Anspannung und Entspannung.

Isometrisch nennt man Muskelanspannungsübungen, bei denen man kurzfristig mit aller verfügbaren Kraft gegen einen eingebildeten oder wirklichen Widerstand drückt oder daran zieht.

Führen Sie jede Übung 6 Sekunden lang aus, und lassen Sie danach sofort los, und entspannen Sie Ihre Muskeln. Die Entspannung müssen Sie spüren und genießen.

Bitte machen Sie während der Übungen keine Preßatmung, sondern atmen Sie ruhig und gleichmäßig weiter.

Bei den nächsten Phasen geht es mit dem Schreibstift weiter. Übungen mit einem Pfeil werden auf der nächsten Doppelseite fortgesetzt. Dort finden Sie auch die Lösungen.

Wie Sie mit den 5 Phasen trainieren können

Phase II: Basistraining

Bei der Übung der **Informationsaufnahme** geht es um das schnelle Erfassen von Situationen. Deshalb kommt es auf das Tempo an. Dazu gibt es Aufgaben, bei denen Sie Buchstaben, Zahlen oder Zeichen suchen müssen , z. B. Labyrinthe, Irrgärten u. ä.. Sie fördern damit vor allem Ihre geistige Beweglichkeit, Schnelligkeit und Konzentration. Die **Informationsverarbeitung und -anwendung** wird verbessert durch Übungen wie Rückwärtslesen, Zahlenfolgen und Anagramme. Hier wird vor allem kombinatorisches und logisches Denken gefördert.

Bei der dritten Aufgabenart werden die **Informationsaufnahme und -verarbeitung** gleichzeitig trainiert, z. B. bei „Buchstaben kreuz und quer", Zahlenquartetten oder Wortsuchspielen. Buchstaben und Zahlen sollen erkannt und zu Wörtern bzw. Summen zusammengefaßt werden. Damit werden sowohl die geistige Schnelligkeit als auch das kombinatorische, logische Denken gefördert.

Das **Speichern von Informationen** sollten Sie mit folgenden Übungen trainieren: Zahlen- oder Buchstabenkombinationen einprägen, Namen, Begriffe und Telefonnummern u. v. a. m.

Dabei prägen Sie sich jeweils ein, was in der Aufgabe steht und blättern danach um. Auf der nächsten Doppelseite wird die Aufgabe fortgesetzt. Sie sollen dann aus dem Gedächtnis eine Frage beantworten. Zur Kontrolle können Sie zurückblättern.

Bei den Phasen III und IV geht es hauptsächlich um das Denken, Lernen und Behalten.

Phase III: Merk-Zettel

Durch systematisches Training kann jeder sein Gedächtnis verbessern. Das soll durch das **Wissenswerte** im Merk-Zettel erreicht werden.

Anhand eines Textes können Sie Interessantes (oder besser gesagt „Wissenswertes") erfahren und gleichzeitig Ihr Gedächtnis üben. Am nächsten Tag stellen wir Ihnen einige Fragen zu dem Text. So trainieren Sie Ihr Langzeitgedächtnis.

Jedes Wochenprogramm hat ein bestimmtes Thema, also Wissenswertes über Ernährung, Gesundheit, Politik und Wirtschaft etc.

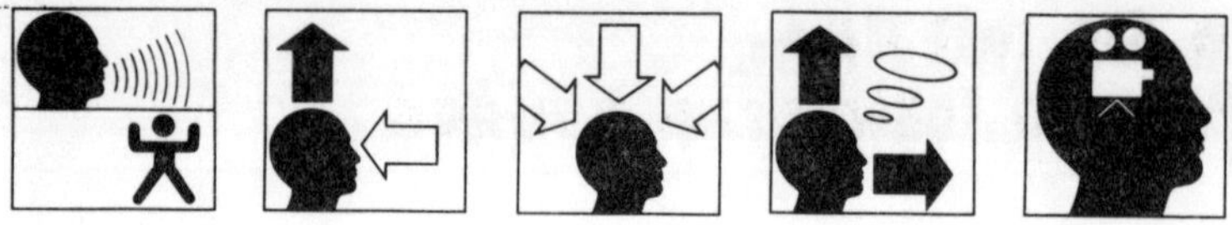

Wenn Sie Ihren **Tagesablauf** systematisch **planen,** schaffen Sie sich mehr Zeit, um Sinnvolles und Schönes zu tun. Außerdem entlasten Sie Ihr Gedächtnis von Kleinigkeiten.
Am folgenden Tag können Sie feststellen, ob Sie den Tagesplan eingehalten haben. Wenn Sie es einmal nicht geschafft haben, überlegen Sie, woran es gelegen haben könnte. Haben Sie sich zu viel vorgenommen oder waren die Ziele falsch oder zu hoch gesteckt? Planen Sie auch Dinge in Ihren Tagesablauf ein, die Ihnen Spaß machen und Dinge, die Sie fordern.

Phase IV: Denk-Mal

Denk mal wieder! Dabei gilt es, Aufgaben und Probleme phantasievoll zu lösen und Ihre Freizeit zu gestalten.

Die **Knobeleien** sind absichtlich etwas schwieriger. Hier geht es nicht um Schnelligkeit. Wichtig ist es,überhaupt eine Lösung zu finden. Dabei müssen Sie Ihre „grauen Zellen" schon ziemlich anstrengen. Oft ist die Lösung nur zu finden, wenn Sie etwas Phantasie anwenden und auch mal etwas ausprobieren.

Bei den **Lernstrategien** bekommen Sie Tips und Kniffe, also Werkzeuge, wie Sie noch leichter und effektiver lernen und behalten können. Einige Beispiele:

- Bilder prägen sich durch „in Worte fassen" besser ein;
- sinnlose Buchstabenkombinationen können Sie durch „Sinngebung" leichter behalten;
- Zahlen lassen sich durch Rhythmisierung leichter behalten;
- neue Informationen prägen sich durch Verknüpfungen mit Ihren bisherigen Erfahrungen besser ein.

Geistige Fitneß zu trainieren soll Spaß machen und Lebensfreude wecken. Deshalb machen wir Ihnen im **Tip des Tages** Vorschläge, die Sie für ein aktives Leben übernehmen können, z. B. Gäste einladen, Ausflüge machen, ein Museum besuchen und vieles andere mehr.

Wie Sie mit den 5 Phasen trainieren können

Auf der nächsten Doppelseite von **Denk-Mal** finden Sie das **Denk-Netz.** Es ist eine brillante Möglichkeit, Informationen im Gedächtnis zu speichern und sich zu erinnern.

Ein Stichwort, z. B. das Thema eines Textes, kommt in die Mitte der Seite. Von hier aus zweigen Sie sternförmig Striche ab und schreiben passende, wichtige Begriffe daran. Allmählich entstehen netzartige Verknüpfungen. Das Denk-Netz hilft Ihnen, leichter zu erinnern und besser zu behalten.

Sie haben jeden Tag auf der Rückseite des „Denk-Mals" die Möglichkeit, über das „Wissenswerte" der Phase III solch ein Denk-Netz anzufertigen. Versuchen Sie dabei, neue Informationen mit Ihren Erfahrungen zu verknüpfen.

Phase V: Kopf-Kino

Mit dem Kopf-Kino können Sie Ihr seelisches Gleichgewicht und Wohlbefinden erlangen. Sie eignen sich die Fähigkeit an, sich auf Ihre inneren und äußeren Lebensbedingungen einzustellen und sie in Harmonie zu bringen. Nutzen sie die Fähigkeiten, die in Ihnen ruhen, damit Sie mit Ihren Problemen, Aggressionen, Krankheiten, Entbehrungen, mit Streß und Ärger besser umgehen können.

Das mentale Training des Kopf-Kinos hilft Ihnen, sich selbst zu akzeptieren, Vertrauen zu sich selbst und Ihrem Organismus zu entwickeln und mit Willensstärke Ziele anzustreben und zu erreichen.

Das für Sie so bedeutende Kopf-Kino-Programm, ob für seelische Ausgeglichenheit, für Gesundheit und Heilung oder für das Lösen von Alltagsproblemen, müssen Sie sich natürlich für Ihre speziellen Bedürfnisse auswählen. Wir können Sie nur täglich ermuntern, daß Sie es wirklich durchführen.

Gedanken nehmen Gestalt an, werden zu Bildern und bewegen sich. Schauen Sie an einem trüben Tag aus dem Fenster, sagen Sie sich: „Jetzt ein Urlaub im Süden, wäre das schön!" In Ihrem Kopf haben Sie dabei aber nicht einfach die Wörter „Urlaub", „Süden", „schön", sondern bunte, greifbare Bilder: Strand, blaues Meer,

Einführung Kopf-Kino

Palmen, Sonne. Sie können die Meeresbrandung hören, den Wind und die Wärme der Sonnenstrahlen spüren.

Ähnlich funktioniert **Kopf-Kino.** Das Neue und Wichtige hierbei ist aber, daß Sie Ihre Gedanken gezielt als Film ablaufen lassen. Genauso wie Sie sich mit dem Urlaubsbild an einem trüben, grauen Novembermorgen in eine angenehme Stimmung versetzen, lassen sich viele Ihrer unangenehmen Gedanken und Alltagssorgen in ein angenehmes, positives Denken umwandeln. Sie werden erleben, wie Sie mit Hilfe Ihrer Vorstellungskräfte zu einer harmonischen Lebensgestaltung gelangen. Das können Sie jetzt selbst mit den folgenden Kopf-Kino-Übungen ausprobieren.

3 Kopf-Kino-Programme für verschiedene Anlässe:

1. Für seelische Ausgeglichenheit

Kopf-Kino beginnt immer mit der Entspannung. Es ist sehr wichtig, daß Sie sich so tief wie möglich entspannen, um so intensiver werden Sie Ihr Kopf-Kino erleben. Hilfreich ist hier z. B. die Atemtechnik, die Sie auch in Phase I des Gehirn-Joggings, der Aufwärmübung, anwenden werden.

Wenn Sie in einem entspannten Zustand sind, stellen Sie sich bitte eine Situation vor, in der Sie etwas Schönes erlebt haben. Oder denken Sie sich eine Situation aus, in der Sie gewöhnlich Schönes erleben und sich gut fühlen. Begeben Sie sich gedanklich dorthin, und erzeugen Sie vor Ihrem inneren Auge ein Bild dieser Situation.

Lassen Sie dieses Bild lange auf sich wirken. Sie bemerken, wie dieses Bild langsam immer stärker und intensiver wird. Ihre Stimmung wird ähnlich der, die Sie immer in dieser Situation hatten oder haben. Ihre Stimmung wird immer besser. Sie werden ausgeglichener und gelassener. Lassen Sie das Bild eine Weile vor Ihrem inneren Auge ruhen.

Nach einigen Minuten, die genaue Dauer bestimmen Sie selbst, beginnen Sie, von Ihrem Kopf-Kino auf die jetzige Situation umzuschalten.

Spannen Sie einmal 5 Sekunden lang alle Ihre Muskeln an, lockern Sie sie wieder und kehren Sie dabei in die Wirklichkeit zurück. Ihre gute Stimmung, Ihre Ausgeglichenheit aus der Kopf-Kino-Zeit behalten Sie aber für den ganzen Tag.

2. Für Gesundheit und Genesung

Zuerst beginnen Sie auch hier, einen Zustand der völligen Entspannung zu erreichen. Wenn Sie diesen Zustand z.B. mit Hilfe der Atemtechnik erreicht haben, beginnen Sie damit, vor Ihrem geistigen Auge ein „Heilungsbild" zu erzeugen.

Haben Sie eine Verletzung, z.B. einen Knochenbruch oder frische Operationsnarben, dann stellen Sie sich vor, wie Ihre roten Blutkörperchen die verletzte Stelle umgeben, Sauerstoff zuführen und „beleben". Denken Sie sich auch einen vermehrten Zustrom von weißen Blutkörperchen. Sie vernichten das Krankhafte und transportieren es weg.

Stellen Sie sich vor, wie ganz viele weiße Blutkörperchen zu der betroffenen Stelle hinströmen und ihre Arbeit verrichten, und halten Sie dieses Bild lange fest. Schicken Sie gedanklich immer mehr Energie an die krankhafte oder verletzte Stelle, sie wird ganz warm werden.

Behalten Sie das für Sie angenehme „heilende Bild" 5 bis 10 Minuten bei, und machen Sie es zum Mittelpunkt Ihres Denkens. Das beschleunigt den Heilungsprozeß erheblich.

Wenn Sie bemerken, daß Ihre Gedanken abschweifen wollen, lenken Sie sie wieder sanft auf das heilende Bild zurück. Sollte sich das Bild jedoch weiterentwickeln, lassen Sie es geschehen und beobachten Sie jede dieser Entwicklungen.

Konzentrieren Sie sich in den nächsten Tagen ungefähr 2- bis 3mal täglich einige Minuten in völliger Entspannung auf dieses Bild.

Beobachten Sie den Unterschied zwischen Ihrem Befinden während des Kopf-Kinos und Ihren bisherigen Reaktionen auf Schmerzen oder Krankheiten. Früher haben Sie vielleicht versucht, Ihr

Unbehagen zu verdrängen oder zu ignorieren. Durch solche Reaktionen verkrampfen Sie jedoch und behindern damit die Heilungskräfte Ihres Körpers. Durch die hier beschriebene Form des Kopf-Kinos jedoch mobilisieren Sie alle natürlichen Heilungskräfte, die in Ihnen ruhen. So können Sie selbst Ihren Heilungsprozeß begünstigen.

Beenden Sie dieses Kopf-Kino-Programm mit dem angenehmen, „heilenden Bild", spannen Sie dann 5 Sekunden lang alle Ihre Muskeln einmal kräftig an, lockern Sie sie wieder und kehren Sie dabei in die Wirklichkeit zurück.

Mit dem Kopf-Kino und den dadurch entwickelten Selbstheilungskräften können Sie viel für die unterschiedlichsten Krankheiten tun.

3. Für das Lösen von Alltagsproblemen

Wenn Sie Kopf-Kino anwenden, können Sie auch viele sogenannter Alltagsprobleme leichter lösen. Oft müssen Sie Situationen bewältigen, Ziele bestimmen und erreichen oder Entscheidungen treffen.

Zwei Beispiele

a) Entscheidungen leichter treffen
Wenn Sie ein Ziel ansteuern und den richtigen Weg dortin noch nicht kennen, dann versuchen Sie doch einmal, mit Kopf-Kino den besten Weg zu finden.

Beginnen Sie auch hier mit der Entspannungsübung.
Wenn Sie den Zustand der völligen Entspannung erreicht haben, stellen Sie sich das Ziel vor, das Sie erreichen wollen, z. B. das Erlernen einer Fremdsprache.

Richten Sie Ihre Aufmerksamkeit auf dieses Ziel.
Lassen Sie das Bild, das dabei entsteht, auf sich wirken.
Überlegen Sie dann, welche Möglichkeiten Sie haben, dieses Ziel zu erreichen. In unserem Beispiel z. B. das Heimstudium mit Bü-

chern und Cassetten oder den Besuch eines Kurses in Ihrer Volkshochschule. Suchen Sie sich dann eine Möglichkeit aus, und tun Sie so „ als ob“ Sie sich für einen Weg entschieden hätten, z. B. für die erste Möglichkeit, das Heimstudium.

Stellen Sie sich die Folgen dieser Entscheidung bildlich vor. Erzeugen Sie vor Ihrem inneren Auge Bilder: Sie sehen sich selbst beim Heimstudium. Sie sind allein in Ihrer Wohnung und machen es sich gemütlich. Sie lesen in Ihren Sprach-Büchern oder hören eine Sprach-Cassette. Sie hören sich laut die Fremdsprache sprechen und sind zufrieden, daß Sie das können. Lassen Sie diese Bilder auf sich wirken, und richten Sie Ihre Aufmerksamkeit auf die Gefühle und körperlichen Empfindungen, die dabei entstehen. Diese Reaktionen werden von Ihnen genau wahrgenommen und festgehalten.

Lassen Sie jetzt dieses Bild schwächer werden und beginnen Sie, sich auf den 2. Weg zu konzentrieren. Erzeugen Sie vor Ihrem inneren Auge Bilder, wie Sie an einem Kurs der Volkshochschule teilnehmen. Sie sehen sich, wie Sie in einer Gruppe von Leuten eine Fremdsprache erlernen. Erleben Sie die Gefühle, die Sie dabei wahrnehmen. Wenn Sie ein Gefühl der Geborgenheit erleben, dann ist Ihre Entscheidung für die Volkshochschule begünstigt. Diese Eindrücke halten Sie fest.

Versuchen Sie jetzt, die Empfindungen, die Sie bei den zwei möglichen Wegen hatten, miteinander zu vergleichen. Versuchen Sie herauszubekommen, welcher Weg der für Sie angenehmste ist. Lassen Sie sich für diese Entscheidung Zeit.

Am Ende durchleben Sie das Gefühl, die Körperwahrnehmung des „besten“ Weges noch einmal intensiv. Halten Sie diese Wirkung auch mit geöffneten Augen noch fest, nachdem Sie das Bild vor Ihrem inneren Auge schon zurückgenommen haben.

Sie haben Ihre Entscheidung getroffen, der Weg ist gefunden. Beenden Sie dieses Kopf-Kino-Programm mit dem Bild, wie Sie erfolgreich Ihre Fremdsprache erlernen. Spannen Sie dann einmal 5 Sekunden lang alle Ihre Muskeln an, lockern Sie sie wieder und kehren Sie dabei in die Wirklichkeit zurück.

Es wird deutlich, daß nicht nur verstandesmäßige Überlegungen, sondern auch die Gefühle und Körperwahrnehmungen über den endgültigen Weg entscheiden. Letzteres sollte in der heutigen Zeit wieder stärker betont werden.

Durch diese Methode können Sie eine Entscheidung konkret treffen oder ein Problem lösen. Sie haben eine allgemeine Lösungsstrategie erworben.

b) Ziele leichter erreichen

Sie müssen zu einem Amt gehen und eine sehr wichtige Angelegenheit erledigen. Wenn Sie sich nicht gut fühlen und sich nicht sicher sind, ob Sie das schaffen, machen Sie Kopf-Kino.

Beginnen Sie wieder mit Entspannungsübungen. Haben Sie den Zustand der völligen Entspannung erreicht, beginnen Sie, vor Ihrem inneren Auge Bilder zu erzeugen. Nehmen Sie in Ihren Gedanken den Weg zum Amt vorweg. Lassen Sie diesen Weg und den Eintritt in das Amt und in das Büro Ihres Sachbearbeiters vor Ihrem inneren Auge wie einen Film ablaufen.

Stellen Sie sich vor, der Tag X ist da: Sie sind gut gelaunt. Sie ziehen schicke Kleidung an, verlassen das Haus und begeben sich auf den Weg. Sie grüßen freundlich Ihre Nachbarn und haben auch noch Zeit, ein paar Worte zu wechseln. Sie erzählen von Ihrem bevorstehenden Besuch beim Amt. Die Nachbarn wünschen Ihnen alles Gute. Sie gehen weiter und sind ganz ruhig und zuversichtlich.

Sie betreten das Amtsgebäude und fragen nach dem Weg zum Zimmer Ihres Sachbearbeiters. Sie fragen ganz ruhig und freundlich. Sie erreichen das Zimmer und müssen noch vor der Tür warten.

Sie sind froh, rechtzeitig von zu Hause aufgebrochen zu sein. So haben Sie jetzt noch etwas Zeit, sich vom Weg auszuruhen und sich noch einmal zu überlegen, was Sie Ihrem Sachbearbeiter sagen wollen und wie Sie Ihren Antrag begründen.

Sie betreten schließlich das Zimmer, grüßen Ihren Sachbearbeiter mit einem freundlichen Lächeln und schauen ihn dabei an. Dann tragen Sie ihm Ihre Wünsche vor.

Sie sagen sich: Mein Sachbearbeiter ist für mich da, er hilft mir, er gibt mir Auskunft. Er wird von uns Bürgern dafür bezahlt. Der Sachbearbeiter ist genauso freundlich zu mir. Wenn ich ein Fremdwort oder eine Erklärung nicht verstehe, dann frage ich nach. Erst wenn ich mein Anliegen vollständig vorgetragen habe und es gründlich behandelt wurde, verabschiede ich mich fröhlich.

Beenden Sie dieses Kopf-Kino-Programm mit dem Bild, wie Sie gut gelaunt und erfolgreich das Amt verlassen.

Spannen Sie einmal 5 Sekunden lang alle Muskeln an, lockern Sie sie wieder und kehren Sie dabei in die Wirklichkeit zurück.

Schauen Sie sich in den Tagen vor einem Amtsbesuch dieses Kopf-Kino mehrmals an. Am Tag X führen Sie diesen Besuch dann erfolgreich durch.

Wichtig! Für alle Kopf-Kino-Programme gilt:

Kopf-Kino besteht aus 3 Etappen:

- **Entspannung**
- **Bilder vergegenwärtigen, Film erzeugen**
- **Rückkehr in die Gegenwart**

Phase I: Aufwärmübung

1. Teil: Atemtechnik

Stellen Sie sich bitte eine Meereswelle vor. Versuchen Sie, mit der sanft fließenden Bewegung der Welle zu atmen. Dabei müssen Sie darauf achten, daß Sie langsamer als gewöhnlich atmen. Eine gute Hilfe ist es, wenn Sie beim Ein- und Ausatmen jeweils bis 6 zählen.

Am besten gehen Sie so vor:

Atmen Sie ein, und lassen Sie dabei den Bauch hervortreten. Füllen Sie die Lungen völlig auf. Dabei weitet sich der gesamte Brustkorb. Auch die Lungenspitzen werden mit Luft gefüllt.

Jetzt hat die „Meereswelle" ihren Höhepunkt erreicht. Halten Sie die Luft 3 Pulsschläge lang an, und atmen Sie dann wieder aus. Entleeren Sie zuerst den Bauchraum, dann den Brustkorb. Wenn die Lungen leer sind, halten Sie wieder 3 Pulsschläge lang die Luft an, bevor Sie wieder langsam einatmen.

So entsteht ein Rhythmus, der Sie entspannt und Ihnen Energie zuführt. Wiederholen Sie diesen Atem-Rhythmus etwa 20 mal.

1. Woche - 1. Übungstag

2. Teil: Gymnastische Übungen

Hinweis für Anwender der gymnastischen Übungen

Sinn und Zweck dieser Übungen ist es, durch körperliche Bewegung für eine bessere Durchblutung von Körper und Gehirn zu sorgen und damit die Lernbereitschaft und Lernfähigkeit zu steigern. Wer lange keinen Sport getrieben hat oder herzkrank ist, sollte vorher Art und Umfang der gymnastischen Übungen mit dem Arzt besprechen!

Armkreisen

Stellen Sie Ihre Beine auseinander, strecken Sie Ihre Arme nach vorne und beginnen Sie so weit wie möglich nach hinten zu kreisen. Wiederholen Sie diese Übung 10 mal. Kreisen Sie Ihre Arme danach 10 mal von hinten nach vorne.

Isometrie – Muskelanspannungsübungen

Die isometrischen Übungen dienen ebenfalls dazu, den Kreislauf zu aktivieren. Wichtig ist hierbei die abwechselnde Anspannung und Entspannung der Muskeln. Machen Sie jede Übung 3 mal. Führen Sie jede Übung nur 6 Sekunden lang aus, lassen Sie die Muskeln anschließend sofort los und entspannen Sie. Bitte atmen Sie auch während der Anspannung.

- Stellen Sie sich vor, auf Ihren Schultern ruht eine große Last. Mit Ihren Händen müssen Sie diese nach oben wegdrücken.
- Sprelzen Sie alle Finger fest auseinander!

Auspannen und Entspannen!

Isometrie – Muskelanspannungsübungen

Eine kurze Erläuterung

Isometrisch ist eine Übung, bei der man kurzfristig mit aller verfügbaren Kraft gegen einen eingebildeten oder wirklichen großen Widerstand drückt oder daran zieht. Nach ca. 6 Sekunden höchster Anspannung wird die Muskulatur losgelassen und die Entspannung wird spürbar.

Man kann sich Widerstände vorstellen, z. B. eine große Last, die auf den Schultern ruht und die man wegdrückt oder Gegenstände, die man hebt oder zieht. Für viele ist es leichter, wirkliche Widerstände, z. B. eine Wand, gegen die man mit Armen oder Beinen drückt, zu benutzen.

Alle Übungen lassen sich in vielen Situationen an nahezu jedem Ort in wenigen Sekunden durchführen. Da die Anspannung sehr groß ist, werden alle Muskelfasern voll aktiviert. Jeder Faser wird dabei eine größere Menge Nahrung und Sauerstoff aus dem Blut zugeführt. Durch diese erhöhte Zufuhr von Sauerstoff und Energie sind isometrische Übungen das ideale Mittel **gegen Ermüdungserscheinungen.**

Wichtig: Führen Sie jede Übung nur 6 Sekunden lang aus, anschließend sofort loslassen und entspannen. Das wesentliche der isometrischen Übungen ist der Wechsel zwischen kurzfristiger maximaler Anspannung und der sofortigen völligen Entspannung der Muskeln. Bitte atmen Sie auch während der Anspannung weiter.

Phase II: Basistraining

1. Teil: Informationsaufnahme

Wortsuchspiel

Hier sind Wörter in allen möglichen Richtungen geschrieben. Versuchen Sie, die Wörter schnell zu finden, und kreisen Sie sie ein.

Die versteckten Wörter heißen:

TANK – ILLUSTRIERTE – LEITUNG – LAUBE – NEBEL – KISTE

VASE – ROM – GURT

Zwei Beispiele haben wir Ihnen gegeben, den Rest werden Sie bestimmt finden:

O	N	N	Z	E	M	L	K	J	I	H	P	O	N	Y	T
M	L	N	A	T	S	Y	E	Z	A	B	C	D	G	R	E
F	G	L	H	R	T	T	R	A	B	I	X	W	U	Y	I
O	P	Q	R	E	S	S	B	T	B	U	H	G	D	L	B
G	N	U	T	I	E	L	J	L	T	Y	Y	N	K	U	L
I	O	H	K	R	I	Z	N	A	O	R	M	L	A	H	G
G	F	A	G	T	E	N	N	U	E	O	G	O	G	E	D
E	H	N	S	S	X	K	I	B	H	S	L	B	R	A	E
I	V	N	A	U	X	T	L	E	B	E	N	T	L	B	Z
R	A	V	W	L	U	C	H	O	T	A	U	A	L	N	J
A	C	N	S	L	X	P	M	O	M	M	A	E	R	K	N
H	A	H	N	I	E	N	F	R	Y	G	I	H	X	M	Z

Rückwärtslesen – Wie heißt dieser Satz?

.FUALBASEGAT MI TKNUPMMARGORP RETSEF NIE TSI GNINIART SAD

1. Woche - 1. Übungstag

2. Teil: Informationsspeicherung

Zahlenpaare

Prägen Sie sich bitte möglichst schnell diese Zahlenpaare ein. Danach blättern Sie bitte um. ➤

4	1	3
7	8	5

Was sehen Sie auf dem Bild?

Sehen Sie sich dieses Bild sehr genau an.

Sobald Sie sich die abgebildeten Gegenstände eingeprägt haben, blättern Sie bitte um. ➤

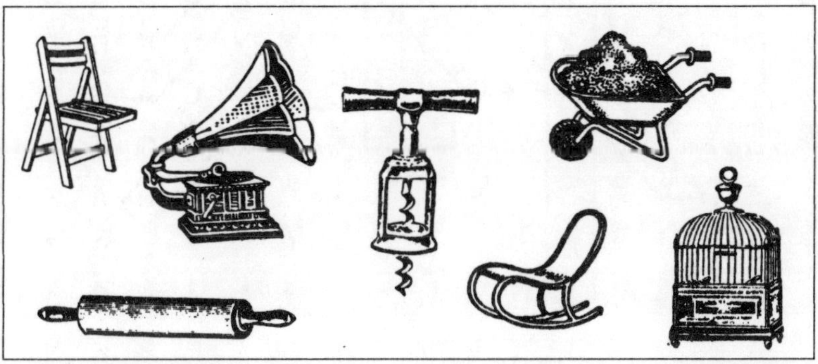

Telefonnummern

Versuchen Sie, diese Telefonnummern zu behalten. Prägen Sie sich pro Sekunde eine Zahl ein. Setzen Sie dann die Übung auf Seite 31 fort. ➤

4 4 1 7 3	1 8 4 5 6

Phase II: Lösungen und Fortsetzungen

Lösungen

Wortsuchspiel

Das ist des Rätsels Lösung:

O	N	N	Z	E	M	L	K	J	I	H	P	O	N	Y	T
M	L	N	A	T	S	Y	E	Z	A	B	C	D	G	R	E
F	G	L	H	R	T	T	R	A	B	I	X	W	U	Y	I
O	P	Q	R	E	S	S	B	T	B	U	H	G	D	L	B
G	N	U	T	I	E	L	J	L	T	Y	Y	N	K	U	L
I	O	H	K	R	I	Z	N	A	O	R	M	L	A	H	G
G	F	A	G	T	E	N	N	U	E	O	G	O	G	E	D
E	H	N	S	S	X	K	I	B	H	S	L	B	R	A	E
I	V	N	A	U	X	T	L	E	B	E	N	T	L	B	Z
R	A	V	W	L	U	C	H	O	T	A	U	A	L	N	J
A	C	N	S	L	X	P	M	O	M	M	A	E	R	K	N
H	A	H	N	I	E	N	F	R	Y	G	I	H	X	M	Z

Rückwärtslesen

DAS TRAINING IST EIN FESTER PROGRAMMPUNKT IM TAGESABLAUF.

...aber das haben Sie bestimmt selbst herausgefunden.

1. Woche - 1. Übungstag

Fortsetzungen

➤ Zahlenpaare

Unterstreichen Sie die Zahlenpaare, die Sie sich eingeprägt haben.

4	4	5	1	3	5	6	3	2	1	7	8	3	3	1
4	7	0	5	7	4	3	7	4	8	2	9	4	5	2

Blättern Sie jetzt zurück. Haben Sie sich die richtigen Zahlenpaare gemerkt?

➤ Was sehen Sie auf dem Bild?

Welche 4 Gegenstände fehlen? Schreiben Sie sie auf.

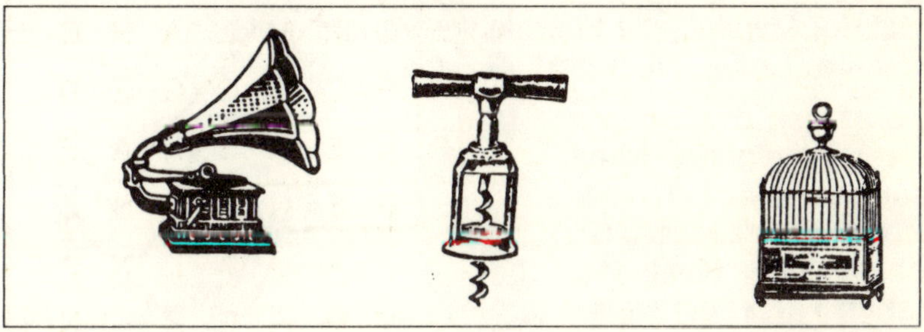

______________________ ______________________

______________________ ______________________

➤ Telefonnummern

Unterstreichen Sie bitte die richtigen Nummern.

64358	45183	18456	44173	17462

Für die Kontrolle brauchen Sie nur zurückzublättern.

Phase III: Merk-Zettel

Wissenswertes

Lesen Sie den folgenden Text bitte aufmerksam durch. Morgen werden Sie einige Fragen dazu finden.

Die Ernährung beeinflußt das Denken

Der Mensch braucht zum Denken ein gut funktionierendes Gehirn. Das Gehirn benötigt für seine Arbeit Energie. Es kann sich aber nicht selbst versorgen, sondern ist darauf angewiesen, durch den Körper mit allem Notwendigem versorgt zu werden.

Die Lungen sorgen für den Sauerstoff. Magen und Darm gewinnen aus der Nahrung wichtige Nährstoffe, die mit Hilfe des Sauerstoffs Energie erzeugen. Das Blut transportiert Sauerstoff und Nährstoffe durch den Körper in die einzelnen Zellen.

So gelangt schließlich auch Energie zum Gehirn.

Hat der Mensch alle Energie verbraucht, entsteht eine sogenannte „Unterzuckerung", die das Hungergefühl auslöst.

Führt man dem Körper dann geeignete Nahrung zu, kann er wieder Energien erzeugen. **Eine gesunde Ernährung ist also nicht nur wichtig für den Körper, sondern auch für das Gehirn und beeinflußt damit das Denken.** Wer fit bleiben will, sollte auch über die richtige Ernährung nachdenken!

1. Woche - 1. Übungstag

Planungsbogen für den Tag **Datum:**

Um immer auf der Höhe zu sein, ist es wichtig, den Tag gut zu planen und sich etwas Sinnvolles vorzunehmen. An dieser Stelle können Sie täglich Ihr persönliches Tagesprogramm planen. Gehirn-Jogging sollten Sie immer zur selben Tageszeit machen. Tragen Sie alles ein, z. B. Arzttermine, Einkäufe, Verabredungen, Vorhaben, besondere Tagesziele wie z. B. den Volkshochschul-Plan holen und vieles andere mehr:

Vormittag: Gehirn-Jogging

Nachmittag:

Abend:

Mein besonderes Tagesziel:

Phase III: Merk-Zettel – Fragen zum Vortag

Wissenswertes

An dieser Stelle finden Sie immer Fragen zum „Wissenswerten" des Merk-Zettels vom Vortag.

Am ersten Übungstag können wir Ihnen ja leider noch keine Fragen stellen, aber zu dem Text „Ernährung beeinflußt das Denken", werden wir Sie schon morgen etwas fragen.

1. Woche - 1. Übungstag

Zum Tagesplan des Vortages

Diese Seite soll Sie anregen, darüber nachzudenken, ob Sie Ihren Tagesplan eingehalten haben.

Wenn es nicht so ganz geklappt hat, dann überlegen Sie sich doch einmal, woran es gelegen hat.
Vielleicht haben Sie sich zuviel vorgenommen oder falsche Ziele gesteckt?

Achten Sie vor allem darauf, daß alles, was Ihnen Spaß macht, nicht zu kurz kommt!
Wenn Sie ein schwieriges Ziel erreicht haben, sollten Sie sich auch einmal etwas Schönes gönnen!

Phase IV: Denk-Mal

Knobelei

Versuchen Sie, die neun Kästchen mit **vier** geraden Linien zu verbinden. Sie dürfen dabei den Stift nicht absetzen.

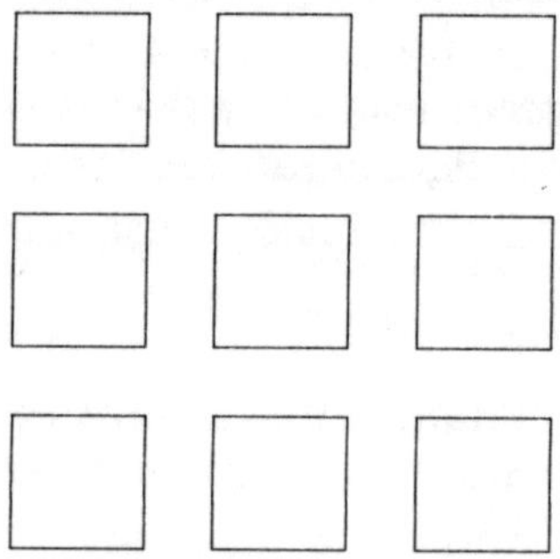

Ein Tip: Die Linien dürfen auch über das große Feld hinausreichen.

Lern-Strategie

Tips zum Einprägen von Telefonnummern

Lange Zahlenreihen, wie z. B. die Telefonnummern aus der Phase II, lassen sich leichter einprägen durch:

- **Rhythmisierung:** Sprechen Sie die Nummern sehr stark rhythmisch betont: 1,2 / 2,4 / 4,8

- **Gruppierungen:** Bilden Sie sinnvolle Untergruppierungen; statt 122448 besser 12 24 48, also statt eins, zwei, zwei, vier, vier, acht ist leichter zu merken: zwölf, vierundzwanzig, achtundvierzig; statt 125250 besser 125 250.

1. Woche - 1. Übungstag

Tip des Tages

Der Liebesbrief

Können Sie sich noch an Ihre erste Liebe erinnern? Versetzen Sie sich doch noch einmal in Ihre Jugendtage zurück. Waren Sie immer nur im „7. Himmel", oder haben Sie sich auch mal so richtig über Ihren Partner geärgert?

Wenn ja, dann tun Sie etwas, was Sie sich früher vielleicht nicht so richtig getraut haben:

Sagen Sie ihm oder ihr mal die Meinung. In dem Brief, den Sie schreiben, können Sie richtig Dampf ablassen. Nur raus mit der Sprache.

Wollen Sie den Brief dann vielleicht sogar abschicken, wenn Sie noch die Anschrift der alten Liebe wissen – oder lieber nicht...?

Phase IV: Lösung und Denk-Netz

Knobelei

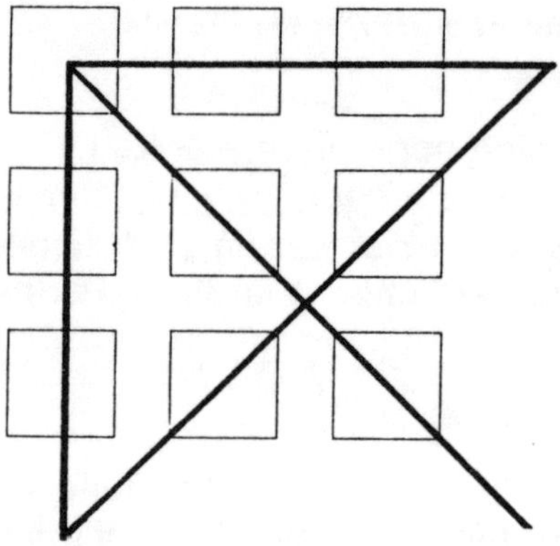

Denk-Netz – etwas Neues

Das Denk-Netz ist eine brillante Möglichkeit, Informationen im Gedächtnis zu speichern und sich zu erinnern. In die Mitte kommt das Stichwort – das Thema –, mit dem durch ein Netzwerk andere wichtige Begriffe verbunden – vernetzt – werden. Wir nennen das „Denk-Netz".

Sie bekommen jeden Tag auf dieser Seite die Möglichkeit, über das Wissenswerte der Phase III solch ein Denk-Netz anzufertigen.

Heute ein Beispiel zum Thema:

„Die Ernährung beeinflußt das Denken".

Kür-Phase V: Kopf-Kino

1. Woche - 1. Übungstag

Denk-Netz

Die Ernährung beeinflußt das Denken

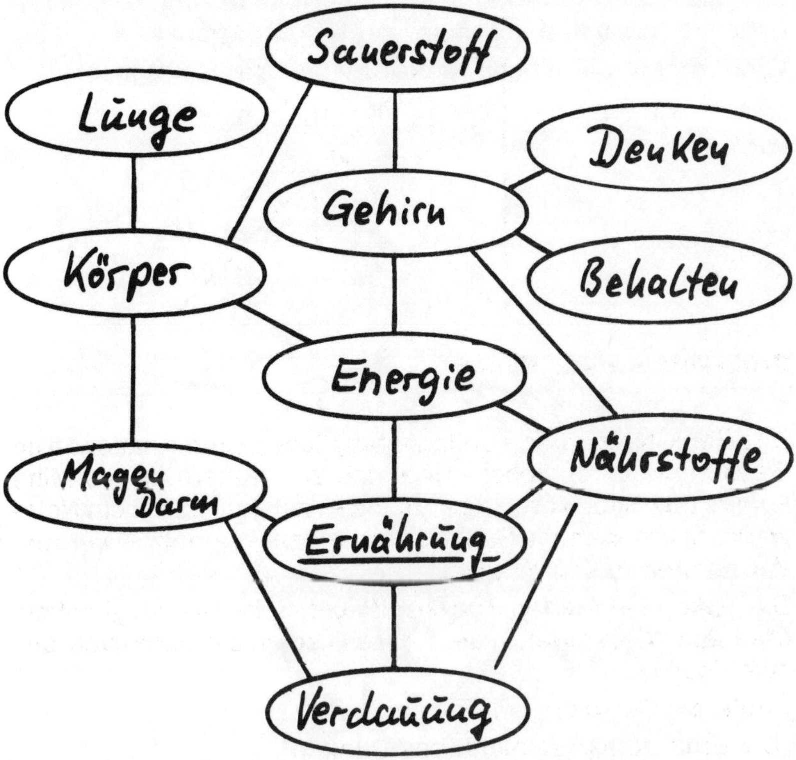

Führen Sie im Laufe des Tages Ihr Kopf-Kino-Programm durch, immer dann, wenn Sie Zeit und Lust dazu haben.

Phase I: Aufwärmübung

1. Teil: Atemtechnik

Denken Sie bitte an den Atem-Rhythmus:

6 Pulsschläge lang einatmen, 3 Pulsschläge lang die Luft anhalten, 6 ausatmen, 3 Pause und wieder langsam einatmen.

Wiederholen Sie diesen Atem-Rhythmus etwa 20 mal.

Stellen Sie sich langsam anrollende, riesige Meereswellen vor.

1. Woche - 2. Übungstag

2. Teil: Gymnastische Übungen

Rumpfdrehen

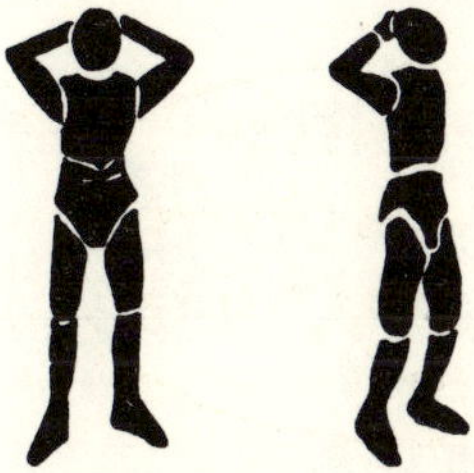

Stellen Sie sich leicht gegrätscht hin. Die Hände sind im Nacken gefaltet. Drehen Sie Ihren Rumpf nach rechts und links und federn Sie jedesmal gut nach. Die Drehung soll nur in der Wirbelsäule stattfinden. Versuchen Sie dabei, das Becken in der Ausgangsstellung zu halten oder mit dem Bekken eine zum Oberkörper entgegengesetzte Drehung zu machen.

Isometrische Übungen

Führen Sie jede Übung 3 mal durch. Spannen Sie Ihre Muskeln jeweils 6 Sekunden mit maximaler Kraft an. Lassen Sie dann sofort die Muskeln los, und entspannen Sie.

■ Diese Übung können Sie im Sitzen ausführen: Ihre Füße ruhen auf dem Boden. Legen Sie Ihre Hände auf die Knie und drücken Sie diese fest nach unten!

■ Diese Übung können Sie im Liegen ausführen: Stellen Sie sich vor, Sie drücken ein schweres Gewicht, z. B. eine Hantel, nach oben!

Phase II: Basistraining

1. Teil: Informationsaufnahme

Anagramm

Bei diesem Spiel können Sie aus einem vorgegebenen Wort so viele Wörter wie möglich machen. Es müssen nicht alle Buchstaben des gegebenen Wortes verwendet werden, und die Reihenfolge der Buchstaben kann auch verändert werden. Es dürfen aber keine Buchstaben hinzugefügt und die vorhandenen dürfen nicht verdoppelt werden.

Hier ein Beispiel mit dem Wort

HAUSMEISTER

HAUS-MEISTER-EIS-AUS-
SAUM-SAU-RAUS-TAU-
MAUS-EITER-EI-EIER-
MEISE-REISE-AUSTER-

Jetzt können Sie loslegen — und zwar mit dem Wort:
REGENSCHIRM — Viel Spaß!

Rückwärtslesen – Was soll denn das heißen?

.REGIHÄFSGNUTSIEL HCIS EIS NELHÜF
GNIGGOJ-NRIHEG TIM

Seite 44 hilft Ihnen weiter!

1. Woche - 2. Übungstag

2. Teil: Informationsspeicherung

Buchstabenreihen

Versuchen Sie, sich die folgenden Buchstabenreihen gut einzuprägen. Danach blättern Sie bitte um. ➤
Es geht übrigens besonders gut, wenn Sie jede Buchstabenreihe laut lesen und sie im Kopf „nachhallen" lassen.

G A B	S U V	T N M	X W S

Prägen Sie sich bitte folgende Wörter ein:

URLAUB

BOOT

SCHWIMMEN

SONNENBRAND

ABEND

SCHMERZEN

SCHLAF

SCHIMPFEN ➤

Phase II: Lösungen und Fortsetzungen

Lösungen

Anagramm

Hier nur einige Beispiele:

REGENSCHIRM – REGEN – SCHIRM – ICH – MIR – SEGEN – SICH – SCHERE – SCHEREN – GERN – GERNE – GIER – DER – GEIER – REISE – RIESE – SIEG – SIEGEN – EIS – MISCHEN...

Rückwärtslesen

MIT GEHIRN-JOGGING FÜHLEN SIE SICH LEISTUNGSFÄHIGER.

1. Woche - 2. Übungstag

Fortsetzungen

Buchstabenreihen

Unterstreichen Sie bitte die richtigen Buchstabenreihen.
Zum Vergleich brauchen Sie nur zurückzublättern.

S V W	G A B	S U V	W S X	X W S	T N M

Wörter einprägen

Haben Sie sich alle Wörter gemerkt?
Schreiben Sie sie bitte hier auf. Die Reihenfolge muß nicht richtig sein.

1. ______________________

2. ______________________

3. ______________________

4. ______________________

5. ______________________

6. ______________________

7. ______________________

8. ______________________

Phase III: Merk-Zettel

Wissenswertes

Ernährung

Der Mensch benötigt etwa 50 verschiedene Nährstoffe (Kohlenhydrate, Fette, Eiweiße, Wasser, Mineralien, Spurenelemente, Vitamine und Ballaststoffe), die er täglich aufnehmen muß, wenn er gesund und leistungsfähig bleiben will.

Sie sind in den natürlichen Nahrungsmitteln enthalten. Sie bestehen aber meist nicht aus einem einzigen Nährstoff – von einigen Ausnahmen wie Zucker oder Speiseöl abgesehen –, sondern aus verschiedenen Nährstoffen, die zur Gesamtversorgung beitragen.

Es gibt jedoch keine Nahrungsmittel, die alle für die Ernährung notwendigen Stoffe gemeinsam enthalten. Eine richtig gemischte Kost, eine möglichst abwechslungsreiche Ernährung, läßt keine Mangelerscheinungen auftreten. Werden jedoch bestimmte Nahrungsmittel einseitig bevorzugt, wird dies langfristig zu Mangelerscheinungen führen.

Die notwendige Folgerung:

Die Ernährung muß so abwechslungsreich wie möglich zusammengestellt werden.

Viele verschiedene Nahrungsmittel müssen verzehrt werden, um alle notwendigen Nährstoffe und eine angemessene Energiemenge aufzunehmen. Hieraus ergibt sich aber auch, daß gewisse Kenntnisse über die zur Verfügung stehenden Nahrungsmittel und deren Inhaltsstoffe unerläßlich sind.

1. Woche - 2. Übungstag

Planungsbogen für den Tag **Datum:**

Um immer auf der Höhe zu sein, ist es wichtig, den Tag gut zu planen und sich etwas Sinnvolles vorzunehmen. An dieser Stelle können Sie täglich Ihr persönliches Tagesprogramm planen. Gehirn-Jogging sollten Sie immer zur selben Tageszeit machen. Tragen Sie alles ein, z. B. Arzttermine, Einkäufe, Verabredungen, Vorhaben, besondere Tagesziele wie z. B. den Volkshochschul-Plan holen und vieles andere mehr:

Vormittag: Gehirn-Jogging

Nachmittag:

Abend:

Mein besonderes Tagesziel:

Phase III: Merk-Zettel – Fragen zum Vorta

Wissenswertes

So, jetzt können wir Ihnen aber endlich ein paar Fragen stellen:

- Worauf übt die Ernährung einen unmittelbaren Einfluß aus?

- Wodurch wird im Körper das Hungergefühl ausgelöst?

- Welchen Stoff braucht der Körper zur Aufrechterhaltung seiner Funktionen?

1. Woche - 2. Übungstag

Zum Tagesplan des Vortages

Haben Sie gestern Ihren Tagesplan eingehalten? Schreiben Sie hier bitte auf, was Sie gestern erledigt haben.

Vormittag: Gehirn-Jogging

Nachmittag:

Abend:

Mein besonderes Tagesziel war:

Phase IV: Denk-Mal

Städtequiz

Kennen Sie folgende Städte der alten Bundesländer?

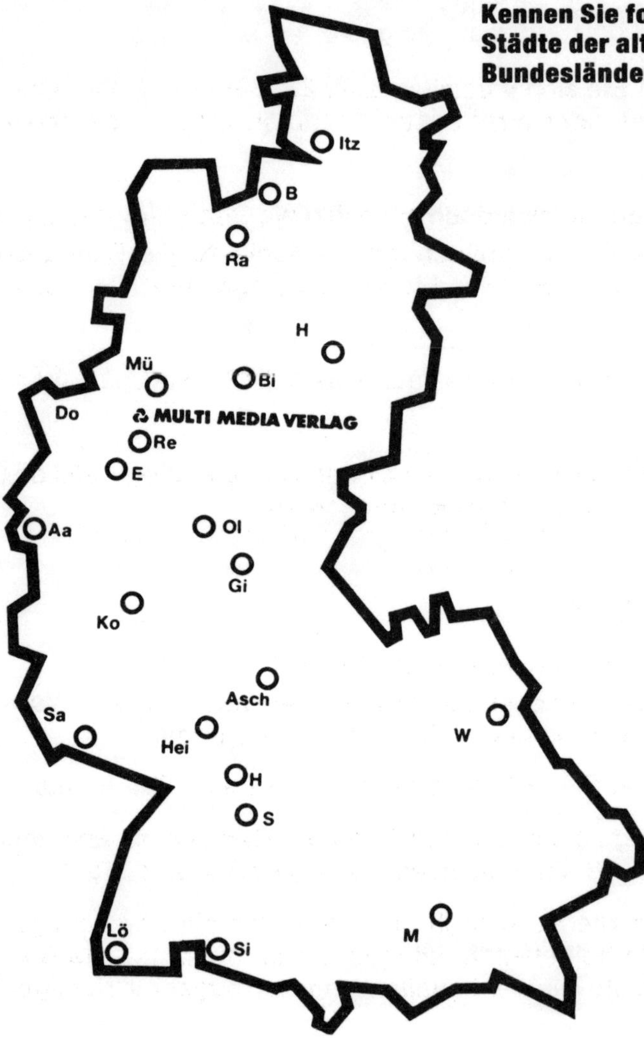

1. Woche - 2. Übungstag

Tip des Tages

Die Festtagsrede

Können Sie sich vorstellen, zum 60. Geburtstag Ihres besten Freundes oder Ihrer besten Freundin eine Festtagsrede zu halten?

Versetzen Sie sich doch einmal in die Geburtstagsstimmung: das Abendessen duftet bereits verlockend, die Tischdekoration ist festlich, leise Musik im Hintergrund und nur nette Leute.

Sie stehen auf, schauen lächelnd in die Runde und halten Ihre Rede.

Wer mutig ist, kann sich zum Üben vor den Spiegel stellen und seine Gestik und Mimik beobachten.

Lern-Strategie

Tips zum Einprägen von Wortlisten

Begriffe einer scheinbar willkürlichen und sinnlosen Wortliste lassen sich mit dieser Technik leichter behalten:

■ Denken Sie sich zu diesen Wörtern eine **Geschichte** aus.

– Wichtig ist, daß alle Wörter in der Geschichte vorkommen; dadurch erhalten diese eine sinnvolle Verbindung.

– Wenn Sie auch in Ihrer Geschichte die Reihenfolge der Wortliste beibehalten, können Sie so nicht nur alle Begriffe dieser Liste leichter behalten, sondern sogar die richtige Reihenfolge.

Phase IV: Lösung und Denk-Netz

Städtequiz

Kür-Phase V: Kopf-Kino

1. Woche - 2. Übungstag

Denk-Netz

Hier ist Platz für Ihr Denk-Netz zum „Wissenswerten" aus dem Merk-Zettel von heute.

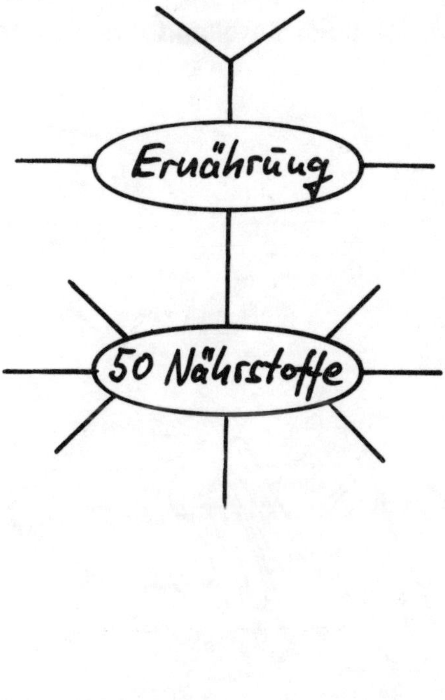

Führen Sie im Laufe des Tages Ihr Kopf-Kino-Programm durch, immer dann, wenn Sie Zeit und Lust dazu haben.

Phase I: Aufwärmübung

1. Teil: Atemtechnik

Denken Sie bitte an den Atem-Rhythmus:

6 Pulsschläge lang einatmen, 3 Pulsschläge lang die Luft anhalten, 6 ausatmen, 3 Pause und wieder langsam einatmen.

Wiederholen Sie diesen Atem-Rhythmus etwa 20 mal.

Stellen Sie sich langsam anrollende, riesige Meereswellen vor.

2. Teil: Gymnastische Übungen

Hüftkreisen

Grätschen Sie Ihre Beine und stützen Sie die Hände in den Hüften ab.

Lassen Sie nun jede Hüfte 10 mal nach links und 10 mal nach rechts kreisen.

Isometrische Übungen

Führen Sie jede Übung 3 mal durch. Spannen Sie Ihre Muskeln jeweils 6 Sekunden mit maximaler Kraft an und lassen Sie dann sofort los und entspannen Sie. Vergessen Sie nicht, auch während der Anspannung zu atmen.

■ Diese Übung können Sie im Sitzen ausführen: Legen Sie Ihre Hände flach auf den Tisch und pressen Sie sie fest nach unten!

■ Kneifen Sie Ihr Gesicht so fest wie möglich zusammen, von den Augen bis zu den Lippen!

Phase II: Basistraining

1. Teil: Informationsaufnahme

Zahlentrio

Unterstreichen Sie bitte jeweils 3 Zahlen, deren **Summe** 10 ergibt. Bei dieser Übung kommt es auf das Tempo an!

3 4 5 1 9 8 1 1 4 2 5 3 2 4 8 1 7 2 9 2 3 4 3 2 3 5 7 6 2 2 1 3 4 3 9

Ob Sie ein Zahlentrio übersehen haben, erfahren Sie auf der Rückseite.

Irrgarten

Welche Zahl gehört zu welchem Buchstaben? Verfolgen Sie die Wege nur mit den Augen.

1. Woche - 3. Übungstag

2. Teil: Informationsspeicherung

Buchstabenreihen

Versuchen Sie bitte, sich die Buchstabengruppen einzuprägen. Schauen Sie die Gruppen jeweils ca. 5 Sekunden lang an.

Danach können Sie wieder umblättern. ➤

A D I	G K I	M O T	T X W

Stadtplan

Sehen Sie sich den Ausschnitt des Stadtplans sehr genau an. Versuchen Sie, sich die Straßennamen etwa 1 Minute lang einzuprägen.

Blättern Sie danach bitte um. ➤

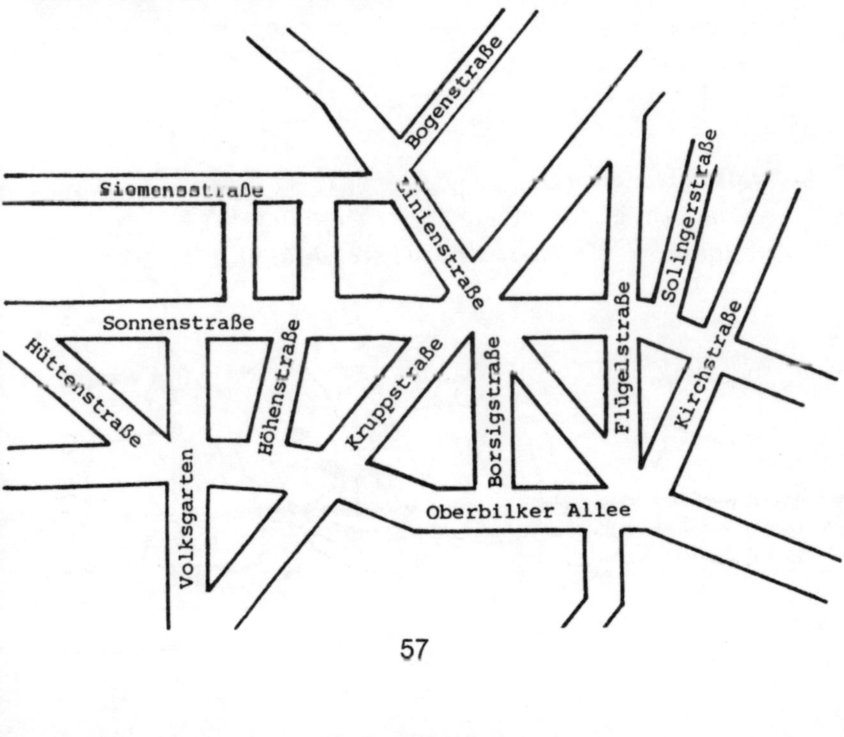

Phase II: Lösungen und Fortsetzungen

Lösungen

Zahlentrio

34519811425324817292343235762213439

Irrgarten

A – 4

B – 1

C – 2

D – 3

E – 5

1. Woche - 3. Übungstag

Fortsetzungen

➤ Buchstabenreihen

Welche Buchstaben standen an der Stelle der Punkte?
Schreiben Sie die Buchstaben bitte über die Punkte.

➤ Stadtplan

In diesem Stadtplan fehlen 4 Straßennamen.
Tragen Sie sie bitte ein, und vergleichen Sie sie.

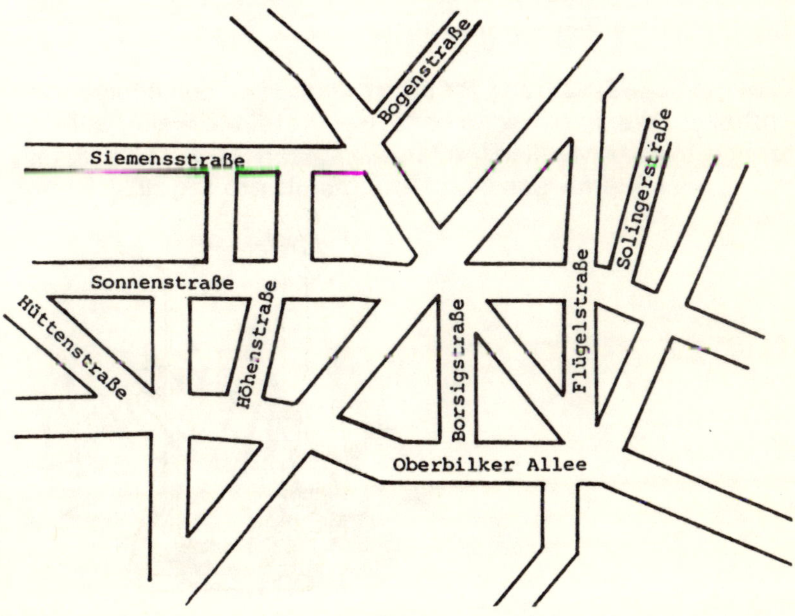

Phase III: Merk-Zettel

Wissenswertes

Ernährung älterer Menschen

Gute und richtige Ernährung ist wichtig!

Der menschliche Körper stellt hohe Anforderungen an Nährstoffe in der Nahrung. Diese Anforderungen sind abhängig vom Umfang körperlicher und geistiger Tätigkeiten und vom Lebensalter. Ältere Menschen sollten dies wissen.

Körperliches Altern besteht darin, daß die biologischen Zelltätigkeiten allmählich nachlassen. Das ist etwas sehr natürliches. Das Tempo dieses Alterns ist jedoch nicht fest vorbestimmt, sondern in großem Umfange zu beeinflussen. Eine gesunde Lebensweise, bestehend aus vielen körperlichen und geistigen Aktivitäten und einer gesunden Ernährung, läßt Sie weniger schnell altern.

Sie bleiben länger jung!

Eine gesunde Ernährung für ältere Menschen sollte folgendes enthalten: Wenig tierische Fette, viel Protein (Eiweiß), viele Vitamine, viele Mineralien. Außerdem sollten Sie viel Flüssigkeit, ca. 2 Liter Mineralwasser und Fruchtsäfte pro Tag zu sich nehmen.

1. Woche - 3. Übungstag

Planungsbogen für den Tag **Datum:**

Vormittag: Gehirn-Jogging

Nachmittag:

Abend:

Mein besonderes Tagesziel:

Phase III: Merk-Zettel – Fragen zum Vorta

Wissenswertes

- Wie viele Nährstoffe benötigt der Mensch für eine gesunde Ernährung?

- Nennen Sie die wichtigsten Nährstoffe!

- Welche Ernährung erscheint am sinnvollsten?

- Weshalb sind gewisse Kenntnisse über eine gesunde Ernährung notwendig?

1. Woche - 3. Übungstag

Zum Tagesplan des Vortages

Haben Sie gestern Ihren Tagesplan eingehalten? Schreiben Sie hier bitte auf, was Sie gestern erledigt haben.

Vormittag: Gehirn-Jogging

Nachmittag:

Abend:

Mein besonderes Tagesziel war:

Phase IV: Denk-Mal

Dreiecke

Wie viele Dreiecke sind in dieser Figur enthalten? Schauen Sie ganz genau hin!

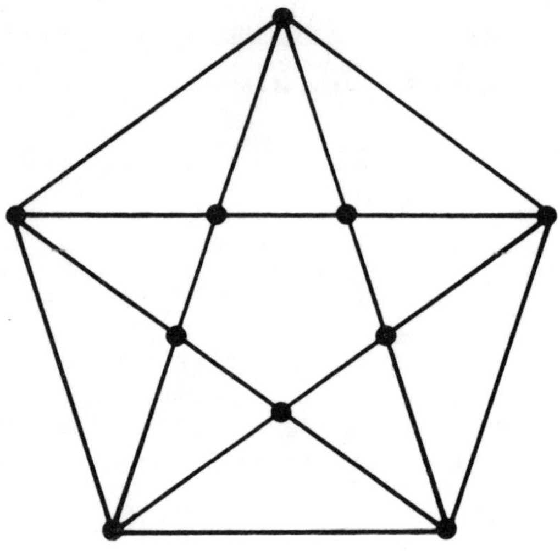

Lern-Strategie

So können Sie sich Texte besser einprägen:

- Lesen Sie einen Text mehrmals laut und langsam durch.
- Unterstreichen Sie, was Ihnen wichtig erscheint.
- Konzentrieren Sie sich besonders auf neue Informationen.
- Erzählen Sie einem (gedachten) Zuhörer den Inhalt des Textes.

1. Woche - 3. Übungstag

Tip des Tages

Die Bundeskanzler-Rede

Stellen Sie sich vor, Sie sind Bundeskanzler und sollen eine Rede vor arbeitslosen Jugendlichen halten.
Was hätten Sie da zu sagen?
Machen Sie sich zu Ihrer Rede ein paar Stichwörter.

Phase IV: Lösung und Denk-Netz

Dreiecke

In dieser Figur sind **35 Dreiecke** enthalten!
3 Dreiecke sind als Beispiele eingezeichnet.

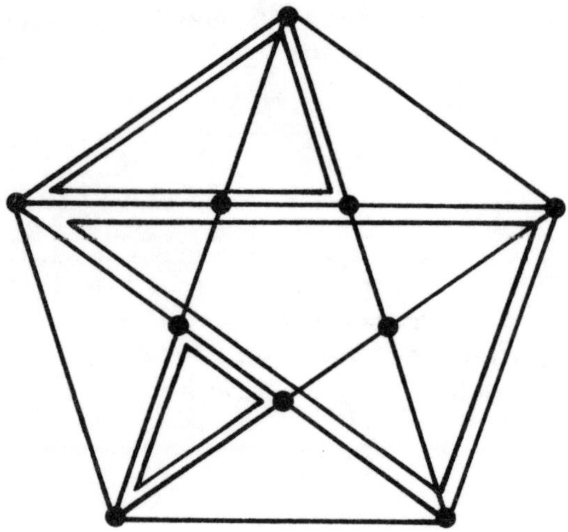

Kür-Phase V: Kopf-Kino

1. Woche - 3. Übungstag

Denk-Netz

Hier ist Platz für Ihr Denk-Netz zum „Wissenswerten" aus dem Merkzettel von heute.

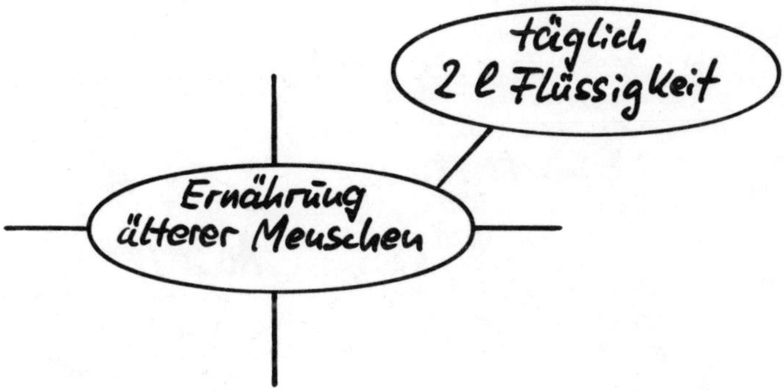

Führen Sie im Laufe des Tages Ihr Kopf-Kino-Programm durch, immer dann, wenn Sie Zeit und Lust dazu haben.

Phase I: Aufwärmübung

1. Teil: Atemtechnik

Denken Sie bitte an den Atem-Rhythmus: 6 Pulsschläge lang einatmen, 3 Pulsschläge lang die Luft anhalten, 6 ausatmen, 3 Pause und wieder langsam einatmen.

Wiederholen Sie diesen Atem-Rhythmus etwa 20 mal.

Stellen Sie sich langsam anrollende, riesige Meereswellen vor.

1. Woche - 4. Übungstag

2. Teil: Gymnastische Übungen

Kniekreisen

Stellen Sie sich mit geschlossenen Füßen so auf, daß die Fußspitzen sich berühren. Machen Sie eine leichte Kniebeuge, und drücken Sie die Knie aneinander. Nun machen Sie 10 mal kreisförmige Bewegungen links herum und 10 mal rechts herum.

Isometrische Übungen

Führen Sie jede Übung 3 mal durch. Spannen Sie Ihre Muskeln jeweils 6 Sekunden mit maximaler Kraft an und lassen Sie dann sofort los und entspannen Sie. Vergessen Sie nicht, auch während der Anspannung zu atmen.

■ Stellen Sie sich ein enges Gitter vor, das aus 2 senkrechten stabilen Eisenstäben besteht. Sie stehen davor und biegen mit aller Kraft diese Stäbe so weit auseinander, daß Sie dazwischen hindurchgehen können.

■ Stellen Sie sich in einen Türrahmen, und legen Sie Ihre Hände auf beide Seiten einer Wand. Drücken Sie die Hände fest zusammen, als ob Sie die Wand flach drücken wollten.

Phase II: Basistraining

1. Teil : Informationsaufnahme

Buchstabenraster

Versuchen Sie, so schnell wie möglich das in jedem Raster versteckte Wort zu finden.

Ein Beispiel:

B	S	O	U
M	I	N	

= OMNIBUS

Und nun wird's „ernst":
(Das mittlere Feld enthält sogar 3 Wörter!)

A	O	H	
B	N	F	H

E	E	I
R	N	F

T	O	U	E	S
D	S	B	P	N

Wie heißt die nächste Zahl?

1 – 3 – 5 – 7 – 9 – ____

3 – 6 – 5 – 8 – 7 – 10 – 9 – ____

Welche Zahl fehlt?

3 – 6 – 9 – ____ – 15

1 – 5 – 4 – 8 – 7 – ____ – 10

Die fehlenden Zahlen finden Sie zum Vergleich auf Seite 72.

1. Woche - 4. Übungstag

2. Teil: Informationsspeicherung

„Männer"

Sehen Sie sich die Männer genau an, und blättern Sie danach bitte um. ➤

Zahlenpaare

Prägen Sie sich bitte die folgenden Zahlenpaare ein. Auch bei dieser Übung müssen Sie danach wieder umblättern, um zu erfahren, wie es weitergeht. ➤

3	4	6	7
1	5	8	2

Unser Tip: Prägen Sie sich die Zahlenpaare als zweistellige Zahl ein!

Phase II: Lösungen und Fortsetzungen

Lösungen

Buchstabenraster

Die Lösungswörter heißen:

BAHNHOF

REIFEN oder FEIERN oder FERIEN

BUNDESPOST

Wie heißt die nächste Zahl:

1 – 3 – 5 – 7 – 9 – **11**

3 – 6 – 5 – 8 – 7 – 10 – 9 – **12**

Welche Zahl fehlt?

3 – 6 – 9 – **12** – 15

1 – 5 – 4 – 8 – 7 – **11** – 10

1. Woche - 4. Übungstag

Fortsetzungen

➤ „Männer"

Hier nun einige Fragen zu den abgebildeten Männern. Schreiben Sie die Antworten bitte auf, und blättern Sie zur Kontrolle dann zurück.

■ Wie viele Männer sind abgebildet? ____________

■ Wie viele Männer haben eine Mütze auf? ____________

■ Was hält der 1. Mann von rechts in den Händen?

____

■ Was hält der 1. Mann von links in den Händen?

____

■ An welcher Position in der Reihe steht der Mann mit der Glatze?

____

➤ Zahlenpaare

Unterstreichen Sie bitte die Paare, die Sie sich eingeprägt haben.

5 4 3 9 2	4 3 4 1 9	6 9 2 5 8	3 7 5 1 9
8 2 1 3 6	7 2 5 4 7	8 2 3 4 3	4 2 3 7 8

Blättern Sie zurück, und vergleichen Sie bitte.

Phase III: Merk-Zettel

Wissenswertes

Nährstoffe

■ **Kohlenhydrate und Fette** erzeugen mit Hilfe von Sauerstoff Energie. Fette sind hilfreich bei der Verarbeitung von einigen Vitaminen. Kohlenhydrate (Zucker) sind für die Funktion des Gehirns notwendig.

■ **Proteine (Eiweiße)** liefern Bausteine für körperliches Eiweiß. Proteine können jedoch von Menschen nicht selbst erzeugt werden, müssen also durch das Essen von Pflanzen und Fleisch aufgenommen werden.

■ **Vitamine** sind für den Stoffwechsel des Menschen unentbehrlich. Sie müssen mit der Nahrung zugeführt werden. Vitamine sind wichtig z. B. für gutes Sehen, gegen Nachtblindheit, für gesundes Blut, Appetit, gesunde Haut.

■ **Mineralien** sind für den Ablauf biologischer Vorgänge notwendig, z. B. Natrium, Kalium, Calcium, Chlor, Phosphor. Sie sind unter anderem als Baustoffe für das Knochengerüst, für die Aktivierung der Zellen, für die Bildung von Hämoglobin (Farbstoff der roten Blutkörperchen) und als Bestandteil zahlreicher Enzyme unentbehrlich.

■ **Enzyme** sind Eiweißverbindungen, die den Stoffwechsel des Organismus steuern.

■ **Spurenelemente** sind für den Stoffwechsel ebenfalls wichtig, werden jedoch nur in kleinsten Mengen benötigt:
z. B.Mangan, Eisen, Kupfer, Kobalt, Fluor, Zink, Jod. Sie sind Bestandteile von Enzymen, Vitaminen und Hormonen.

1. Woche - 4. Übungstag

Planungsbogen für den Tag **Datum:**

Vormittag: Gehirn-Jogging

Nachmittag:

Abend:

Mein besonderes Tagesziel:

Phase III:
Merk-Zettel – Fragen zum Vorta

Wissenswertes

■ Sind die Erfordernisse an Nährstoffen in der Nahrung in allen Lebensphasen gleich?

■ Ist das „Altern" zu beeinflussen?

■ Wozu sind körperliche und geistige Aktivitäten notwendig?

■ Aus welchen Nährstoffen sollte die Nahrung zusammengestellt sein?

1. Woche - 4. Übungstag

Zum Tagesplan des Vortages

Haben Sie gestern Ihren Tagesplan eingehalten? Schreiben Sie hier bitte auf, was Sie gestern erledigt haben.

Vormittag: Gehirn-Jogging

Nachmittag:

Abend:

Mein besonderes Tagesziel war:

Phase IV: Denk-Mal

Zahlen für Symbole

In diesem Feld kann man die Symbole durch Zahlen ersetzen und zwar so, daß sich in einer Reihe immer die Summe ergibt, die am Rand stehen.

Viel Spaß bei dieser Knobelei!

■	■	△	★	○	14
○	★	△	●	🌀	19
🌀	■	●	🌀	○	23
★	○	●	★	★	9
○	🌀	★	🌀	□	23
15	16	19	20	18	

1. Woche - 4. Übungstag

Tip des Tages

Denken Sie manchmal noch an Ihre Schulzeit zurück?

Sagen Sie dem Lehrer, der Sie am meisten geärgert hat, doch mal kräftig die Meinung!

Phase IV: Lösung und Denk-Netz

Zahlen für Symbole

Hier ist die Lösung:

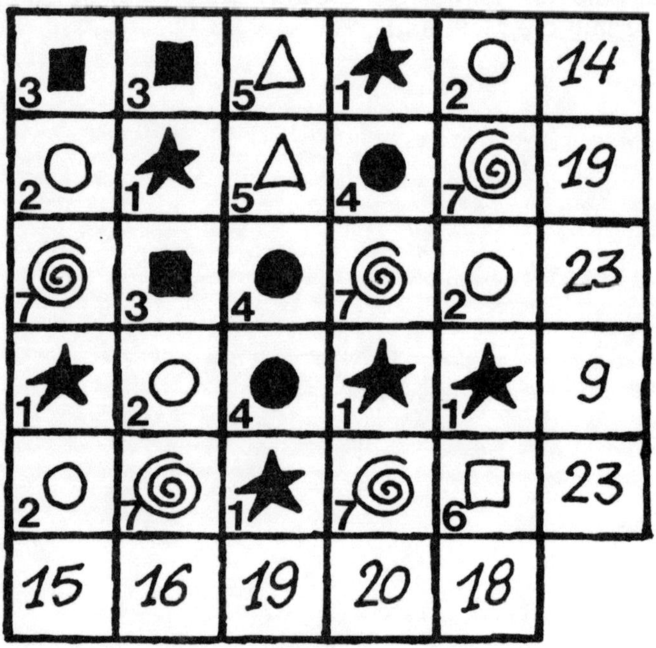

Kür-Phase V: Kopf-Kino

1. Woche - 4. Übungstag

Denk-Netz

Hier ist Platz für Ihr Denk-Netz zum „Wissenswerten" aus dem Merk-Zettel von heute.

Führen Sie im Laufe des Tages Ihr Kopf-Kino-Programm durch, immer dann, wenn Sie Zeit und Lust dazu haben.

Phase I: Aufwärmübung

1. Teil: Atemtechnik

Denken Sie bitte an den Atem-Rhythmus:
6 Pulsschläge lang einatmen, 3 Pulsschläge lang die Luft anhalten, 6 ausatmen, 3 Pause und wieder langsam einatmen. Wiederholen Sie diesen Atem-Rhythmus etwa 20 mal.

Stellen Sie sich langsam anrollende, riesige Meereswellen vor.

2. Teil: Gymnastische Übungen

Rumpfbeuge

Stellen Sie sich aufrecht hin, halten Sie die Arme hoch und atmen Sie tief ein.

Gehen Sie in die Hocke und lassen Sie die Arme dabei weit nach hinten pendeln, und atmen Sie dabei aus. Danach gehen Sie durch die tiefe Hocke wieder in die Ausgangsstellung zurück und atmen tief ein. Machen Sie diese Übung 10 bis 15 mal.

Isometrische Übungen

Führen Sie jede Übung 3 mal durch. Spannen Sie Ihre Muskeln jeweils 6 Sekunden lang mit maximaler Kraft an, und lassen Sie dann sofort los und entspannen Sie. Vergessen Sie nicht, auch während der Anspannung zu atmen.

■ Halten Sie sich an einem Tisch, Stuhl oder ähnlichem fest. Gehen Sie in die Hocke. Stellen Sie sich eine große Last auf Ihren Schultern vor. Versuchen Sie sich entgegen dieser Last aufzurichten.

■ Bilden Sie mit der rechten Hand eine Faust und legen Sie sie in die linke Handfläche. Drücken Sie sie jetzt so fest Sie können ineinander.

Phase II: Basistraining

1. Teil: Informationsaufnahme

Benachbarte Zeichen vergleichen und erkennen

Verbinden Sie bitte die Zahlen, die in dieser Anordnung stehen:

39
63

Einmal haben wir es Ihnen vorgemacht.

45	94	23	18	29	10	41
39	79	51	21	31	12	24
63	44	85	33	48	61	62
41	31	32	76	54	38	51
53	73	43	47	35	43	85
85	41	57	32	40	54	98

Wie heißt die nächste Zahl?

5 – 9 – 13 – 17 – 21 – _____

31 – 26 – 28 – 23 – 25 – 20 – _____

Welche Zahl fehlt?

7 – 13 – 19 – _____ – 31

5 – 12 – 11 – 18 – 17 – _____ – 23

Denken Sie an die Rechenregel und blättern Sie nicht zu schnell um, dann verpassen Sie Ihr Erfolgserlebnis.

1. Woche - 5. Übungstag

2. Teil: Informationsspeicherung

Zeichen

Prägen Sie sich bitte die folgenden Zeichen ein. Danach geht es auf Seite 87 weiter.

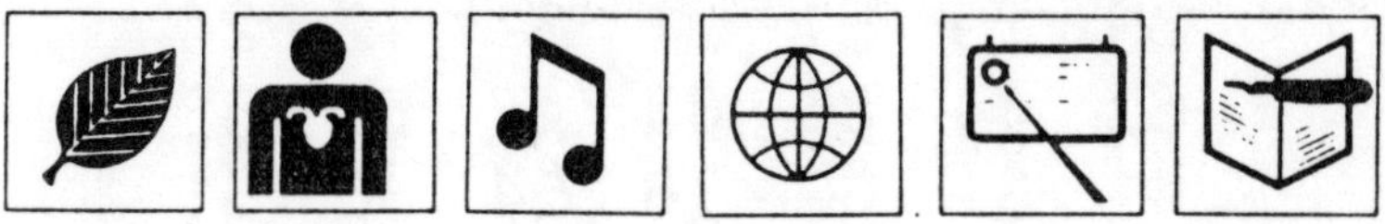

Vornamen

Jetzt prägen Sie sich doch bitte einmal Vornamen ein, und zwar die folgenden:

ANNETTE WERNER INGE

UTE NORBERT TIM

Postleitzahlen

Wenn Sie sich jetzt auch noch diese Postleitzahlen merken können, dann sind Sie aber schon ganz schön auf der Höhe!

8000 München 5400 Koblenz 2000 Hamburg

4400 Münster 7701 Mühlhausen 4270 Dorsten

Jetzt bitte wieder umblättern.

Phase II: Lösungen und Fortsetzungen

Lösungen

Benachbarte Zeichen

45	94	23	18	29	10	41
39	79	51	21	31	12	24
63	44	85	33	48	61	62
41	31	32	76	54	38	51
53	73	43	47	35	43	85
85	41	57	32	40	54	98

Wie heißt die nächste Zahl?

5 – 9 – 13 – 17 – 21 – **25**

31 – 26 – 28 – 23 – 25 – 20 – **22**

Welche Zahl fehlt?

7 – 13 – 19 – **25** – 31

5 – 12 – 11 – 18 – 17 – **24** – 23

1. Woche - 5. Übungstag

Fortsetzungen

➤ Zeichen

Welche Zeichen fehlen?

Können Sie sie aufmalen? Oder beschreiben Sie sie einfach!

➤ Vornamen

Unterstreichen Sie bitte die beiden falschen Vornamen, und vergleichen Sie dann mit der Vorderseite.

UTE	ASTRID	WERNER	TIM
NORBERT	INGE	DANIEL	ANNETTE

➤ Postleitzahlen

______ Hamburg ______ Koblenz ______ Dorsten

______ München ______ Mühlhausen ______ Münster

Phase III: Merk-Zettel

Wissenswertes

Wichtige Nahrungsmittel mit wertvollen Nährstoffen

Einen hohen Gehalt an Kohlenhydraten, Proteinen, Vitaminen und Mineralien haben:

- **Milch und Milchprodukte:**
  Magermilch und -quark, Buttermilch, Harzer Käse, Spitzkäse, Limburger, Schnittkäse (außer Edamer und Trappisten)

- **Eier**

- **Fleisch:**
  Fettarmes Fleisch verwenden (wenig Schweinefleisch)
  Huhn: Brust und Keule (ohne Haut)
  Kalb: Filet, Schnitzel und Zunge
  Pute: Rollbraten und Steak
  Rind: Filet, Gulasch, Tatar und Schmorbraten
  Schwein: Filet und Schnitzel
  Magere Wurstsorten: Bierschinken, Cornedbeef, Frankfurter und Wiener Würstchen, Weißwurst und magere Geflügelwurst

- **Fisch:**
  Fettarme Fischarten verwenden:
  Dorsch, Forelle, Hecht, Kabeljau, Rotbarsch, Schellfisch, Schleie, Scholle, Seelachs, Seezunge

- **Getreide und Getreideprodukte:**
  Dunkle und Vollkornmehle verwenden

- **Fette und Öle:**
  Sparsam verwenden, möglichst pflanzliche Fette gebrauchen

- **Gemüse und Obst**

- **Kartoffeln**

1. Woche - 5. Übungstag

Planungsbogen für den Tag **Datum:**

Vormittag: Gehirn-Jogging

Nachmittag:

Abend:

Mein besonderes Tagesziel:

Phase III:
Merk-Zettel – Fragen zum Vorta

Wissenswertes

■ Wofür brauchen wir Kohlenhydrate und Fette?

■ Warum muß der Mensch Proteine aufnehmen?

■ Wozu sind Vitamine wichtig?

■ Was ist wichtig für das Knochengerüst und die Aktivierung der Zellen?

■ Wovon sind Spurenelemente wichtige Bestandteile?

1. Woche - 5. Übungstag

Zum Tagesplan des Vortages

Haben Sie gestern Ihren Tagesplan eingehalten? Schreiben Sie hier bitte auf, was Sie gestern erledigt haben.

Vormittag: Gehirn-Jogging

Nachmittag:

Abend:

Mein besonderes Tagesziel war:

Phase IV: Denk-Mal

Vom GELD zum GAUL

Versuchen Sie, über 4 andere Wörter von dem Wort GELD zum Wort GAUL zu kommen. Sie dürfen jeweils nur einen Buchstaben verändern.

G E L D

. . . .

. . . .

. . . .

. . . .

G A U L

1. Woche - 5. Übungstag

Tip des Tages

Überlegen Sie doch einmal, wie es wäre, wenn Sie einen GEHIRN-JOGGING-CLUB gründen würden!

Wie könnten Sie Interessenten finden?
Wie könnten Sie für Ihren Club werben, an wen könnten Sie sich wenden? Wo könnte man sich treffen?

Ihre Vorschläge würden uns sehr interessieren. Schreiben Sie uns doch einmal. Dabei können Sie uns gleich sagen, wie Sie Gehirn-Jogging finden.

Phase IV: Lösung und Denk-Netz

Vom GELD zum GAUL

So geht's:

G E L D

F E L D

F E L L

F A L L

F A U L

G A U L

Kür-Phase V: Kopf-Kino

1. Woche - 5. Übungstag

Denk-Netz

Hier ist Platz für Ihr Denk-Netz zum „Wissenswerten" aus dem Merk-Zettel von heute.

Führen Sie im Laufe des Tages Ihr Kopf-Kino-Programm durch, immer dann, wenn Sie Zeit und Lust dazu haben.

Phase I: Aufwärmübung

1. Teil: Atemtechnik

Denken Sie bitte an den Atem-Rhythmus:
6 Pulsschläge lang einatmen, 3 Pulsschläge lang die Luft anhalten, 6 ausatmen, 3 Pause und wieder langsam einatmen. Wiederholen Sie diesen Atem-Rhythmus etwa 20 mal.

Stellen Sie sich langsam anrollende, riesige Meereswellen vor.

1. Woche - 6. Übungstag

2. Teil: Gymnastische Übungen

Armkreisen vorwärts mit Hüpfen

Führen Sie beide Arme gleichzeitig in großen Kreisen seitlich am Körper vorbei; und zwar von unten nach hinten, oben, vorn und wieder nach unten. Beim Hochführen der Arme hüpfen Sie leicht aus dem Sprunggelenk heraus. Während der Übung sollten Sie ruhig weiteratmen und nicht pressen. Machen Sie diese Übung 15 mal.

Isometrische Übungen

Führen Sie jede Übung 3 mal durch. Spannen Sie Ihre Muskeln jeweils 6 Sekunden lang mit maximaler Kraft an, und lassen Sie dann sofort los und entspannen Sie. Vergessen Sie nicht, auch während der Anspannung zu atmen.

■ Diese Übung können Sie im Liegen ausführen: Stellen Sie sich schwere Lasten auf Ihren Beinen vor, und versuchen Sie, Ihre Beine anzuheben!

■ Stellen Sie sich ca. einen halben Meter vor einer Wand auf, und drükken Sie kräftig dagegen, als wollten Sie diese zum Einstürzen bringen.

Phase II: Basistraining

1. Teil: Informationsaufnahme

Silbendomino

Bilden Sie bitte aus den gegebenen Silben zweisilbige Wörter, wobei die zweite Silbe zugleich die erste Silbe des nächsten Wortes sein soll.

Ein Beispiel: REISE – SEGEL –

Hier die Silben:

REI – GEL – SE – BEL – NE – TEN – GER – NE

Auf Seite 100 sehen Sie, ob Sie es richtig gemacht haben.

Zahlentrio

Unterstreichen Sie bitte jeweils drei Zahlen, deren **Summe 12** ergibt. Es kommt aufs Tempo an!

3 4 7 1 5 6 2 8 2 4 3 1 9 2 0 4 5 3 1 3 6 4 6 2 7 8 3 1 9 2 5 5 8 3

Rückwärtslesen

.MROF NI REMMI EIS DNIS GNIGGOJ-NRIHEG TIM

1. Woche - 6. Übungstag

2. Teil: Informationsspeicherung

Buchstabensalat

Prägen Sie sich bitte folgende Buchstaben ein. Danach blättern Sie bitte um. ➤

A G W S

Q P R H

Aus dem Tierreich

Merken Sie sich bitte die abgebildeten Tiere.

Auf Seite 101 geht's weiter. ➤

Phase II: Lösungen und Fortsetzungen

Lösungen

Silbendomino

Die gesuchten Wörter heißen:

REISE – SEGEL – GELTEN – TENNE – NEGER – GERNE – NEBEL

Zahlentrio

3 4 7 1 5 6 2 8 2 4 3 1 9 2 0 4 5 3 1 3 6 4 6 2 7 8 3 1 9 2 5 5 8 3

Rückwärtslesen

MIT GEHIRN-JOGGING
SIND SIE IMMER IN FORM.

1. Woche - 6. Übungstag

Fortsetzungen

➤ Buchstabensalat

Haben Sie sich alle Buchstaben gemerkt?
Schreiben Sie sie bitte hier auf, und vergleichen Sie dann mit der Vorderseite.

➤ Aus dem Tierreich

Welche Tiere waren zu sehen?
Schreiben Sie sie bitte auf:

Phase III: Merk-Zettel

Wissenswertes

7 Punkte für eine gesunde Ernährung:

1. Ein ausgeglichenes Verhältnis von pflanzlichem und tierischem Eiweiß; die Gesamt-Eiweißmenge sollte pro Tag 70 bis 100 Gramm betragen.
2. Hochwertige pflanzliche Fette und Öle bevorzugen.
3. Langsam verwertbare Kohlenhydrate bevorzugen,z. B. Vollkornbrot, Obst, Gemüse, Salate und Joghurt.
4. Ballaststoffe für die Verdauung, z. B. Äpfel oder Salate vor den Mahlzeiten. Sehr wichtig!
5. Zwei Liter Flüssigkeit pro Tag, z. B. Mineralwasser oder Säfte; nur ein Teil davon ist bereits in der Nahrung enthalten.
6. Körperliche Aktivitäten, z. B. etwas Sport treiben, fördern eine bessere Verdauung. Voraussetzung ist ein gesundes Herz.
7. Richtige Zubereitung der Nahrungsmittel ist wichtig, damit die Vitamine und Mineralien auch erhalten bleiben. Als Beispiel hier die richtige Zubereitung von Gemüse:

   a) Gemüse erst unmittelbar vor dem Kochen oder dem direkten Verzehr (Rohkost) putzen, waschen und zerkleinern. Längeres Wässern führt zu Auslaugverlusten.

   b) Nach der Vorbereitung sollte das Gemüse möglichst schnell durch Dünsten, Dämpfen oder Garkochen zubereitet werden. Beim Zubereiten ist die Mitverwendung des Kochwassers zu empfehlen.

   c) Warmhalten über längere Zeit und Wiederaufwärmen der Speisen ist zu vermeiden, da hierbei erhebliche Nährwertverluste eintreten.

1. Woche - 6. Übungstag

Planungsbogen für den Tag **Datum:**

Vormittag: Gehirn-Jogging

Nachmittag:

Abend:

Mein besonderes Tagesziel:

Phase III:
Merk-Zettel – Fragen zum Vorta

Wissenswertes

■ Wozu sind Milchprodukte wichtig?

■ Nennen Sie einige fettarme Fleischsorten:

■ Worauf sollte man bei der Verwendung von Mehl achten?

■ Warum sollte man nicht zu viel Fett zu sich nehmen?

1. Woche - 6. Übungstag

Zum Tagesplan des Vortages

Haben Sie gestern Ihren Tagesplan eingehalten? Schreiben Sie hier bitte auf, was Sie gestern erledigt haben.

Vormittag: Gehirn-Jogging

Nachmittag:

Abend:

Mein besonderes Tagesziel war:

Phase IV: Denk-Mal

Achter-Knobelei

Die Ziffer 8 soll achtmal so angeordnet werden, daß sich als Summe 1000 ergibt.

---

1 0 0 0

1. Woche - 6. Übungstag

Tip des Tages

Schreiben Sie einen Brief an den

Mosaik Verlag
Neumarkter Straße 18
8000 München 80

Sagen Sie uns, wie Ihnen Gehirn-Jogging gefällt.

Welche **Ideen und Vorschläge** fallen Ihnen zum Gehirn-Jogging ein?
Welche gymnastischen Übungen, Rätsel und Knobeleien, Themen für Wissenswertes, Tips für Tagesplanungen usw. können Sie uns vorschlagen?

Wie gefallen Ihnen die Griechen Ge Jo und Ge Jog?

Machen Ihre Verwandten und Freunde auch schon Gehirn-Jogging?

Phase IV: Lösung und Denk-Netz

Achter-Knobelei

Das ist die Lösung:

$$\begin{array}{r} 888 \\ 88 \\ 8 \\ 8 \\ +\quad 8 \\ \hline 1000 \\ \hline\hline \end{array}$$

Kür-Phase V: Kopf-Kino

1. Woche - 6. Übungstag

Denk-Netz

Hier ist Platz für Ihr Denk-Netz zum „Wissenswerten" aus dem Merk-Zettel von heute.

Führen Sie im Laufe des Tages Ihr Kopf-Kino-Programm durch, immer dann, wenn Sie Zeit und Lust dazu haben.

Phase I: Aufwärmübung

1. Teil: Atemtechnik

Denken Sie bitte an den Atem-Rhythmus:

6 Pulsschläge lang einatmen, 3 Pulsschläge lang die Luft anhalten, 6 ausatmen, 3 Pause und wieder langsam einatmen. Wiederholen Sie diesen Atem-Rhythmus etwa 20 mal.

Stellen Sie sich langsam anrollende, riesige Meereswellen vor.

„... über das Denken ..."

Wir haben gelernt pfeilartig zu denken.

Die Asiaten denken kreisförmig.

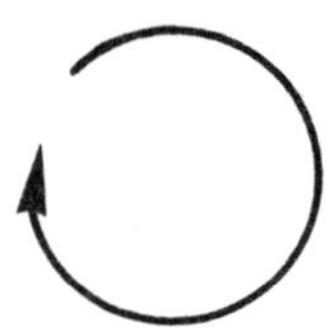

Harmonisieren wie beide Denkformen – denken wir spiralisch!

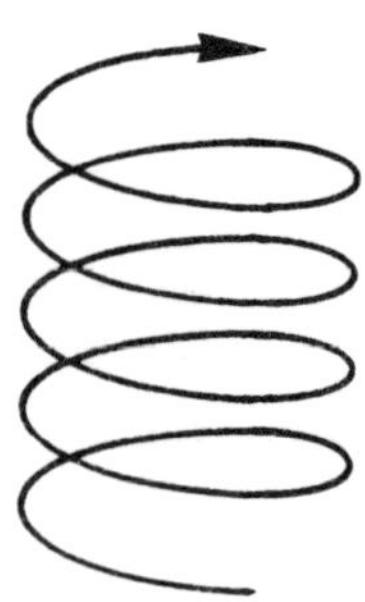

1. Woche - 7. Übungstag

2. Teil: Gymnastische Übungen

„Hampelmann"

Sie stehen aufrecht mit geschlossenen Füßen. Springen Sie nun in eine Seitengrätschstellung und klatschen dabei mit gestreckten Armen über dem Kopf in die Hände. Beim nächsten Sprung führen Sie die Arme nach unten. Machen Sie diese Übung bitte 10 mal.

Isometrische Übungen

Führen Sie jede Übung 3 mal durch. Spannen Sie Ihre Muskeln jeweils 6 Sekunden lang mit maximaler Kraft an, und lassen Sie dann sofort los und entspannen Sie. Vergessen Sie nicht, auch während der Anspannung zu atmen.

■ Stellen Sie sich bitte eine etwa 1 Meter lange Eisenstange vor, die Sie zu einem großen U zusammenbiegen.

■ Verschränken Sie Ihre Hände vor der Brust oder hinter Ihrem Kopf, und ziehen Sie sie fest auseinander!

Phase II: Basistraining

1. Teil: Informationsaufnahme

Spiegelbild

Versuchen Sie bitte, unter der Linie das Spiegelbild der Figur zu zeichnen:

Zahlen verbinden

Verbinden Sie mit Kugelschreiber- oder Bleistiftstrichen die Zahlen von 1 bis 25. Versuchen Sie bitte, diese Verbindungsstriche möglichst schnell zu zeichnen.

4	13	19	24	5
2	20	12	3	17
10	1	7	8	14
22	16	18	21	11
6	23	9	15	25

1. Woche - 7. Übungstag

2. Teil: Informationsspeicherung

Südamerika

Buenos dias! Das ist Südamerika. Versuchen Sie, sich die Namen und die Lage der einzelnen Länder einzuprägen.

Danach blättern Sie bitte um. ➤

Zahlenpaare

Prägen Sie sich bitte die folgenden Zahlenpaare ein, und blättern Sie dann um. ➤

3	7	8	9
9	0	2	4

Phase II: Lösungen und Fortsetzungen

Lösungen

Spiegelbild

Das ist die Lösung:

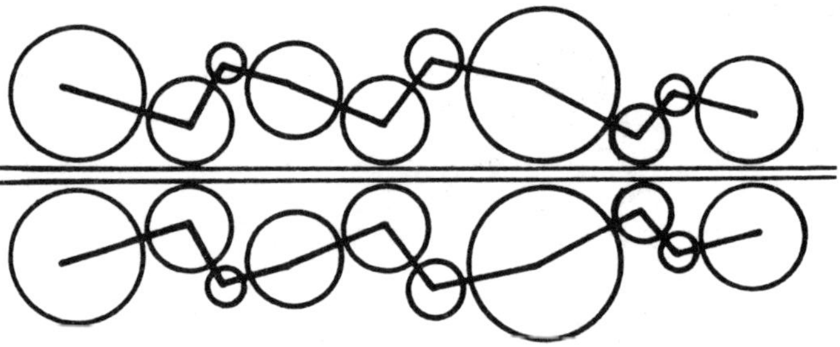

Zahlen verbinden

Einige Verbindungslinien haben wir eingezeichnet.

4	13	19	24	5
2	20	12	3	17
10	1	7	8	14
22	16	18	21	11
6	23	9	15	25

1. Woche - 7. Übungstag

Fortsetzungen

Südamerika

Wissen Sie noch alle Ländernamen? Versuchen Sie bitte, möglichst viele aufzuschreiben, erst dann zur Kontrolle zurückblättern!

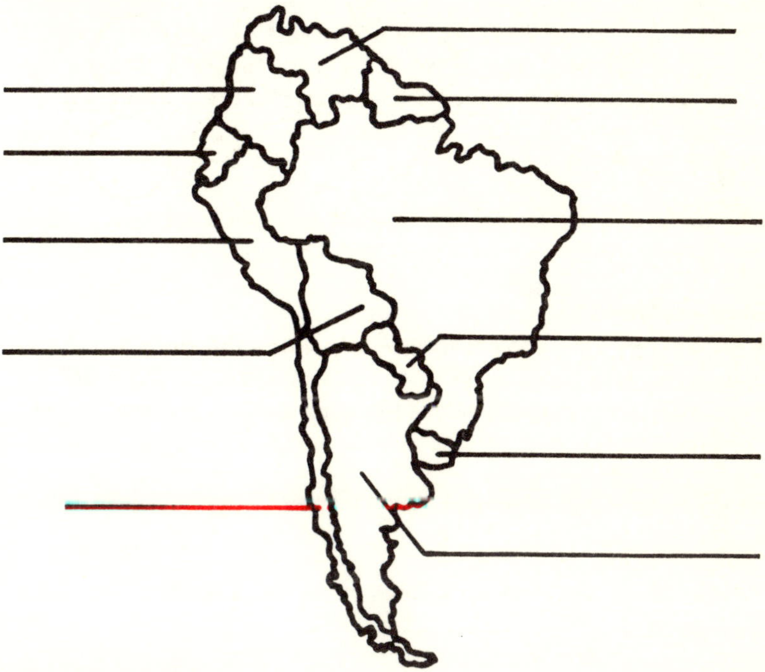

Zahlenpaare

Unterstreichen Sie bitte die Zahlenpaare, die Sie sich eingeprägt haben, und vergleichen Sie dann mit der Vorderseite.

2	4	3	6	6	7	2	0	8	8	2	6	1	5	6	9
9	7	9	9	0	0	2	4	3	2	5	6	5	9	8	4

Phase III: Merk-Zettel

Wissenswertes

Organe für den Stoffwechsel

Stoffwechsel sind alle biochemischen Vorgänge im Organismus, bei denen dieser zur Aufrechterhaltung seiner Funktionen viele verschiedene Nährstoffe aufnimmt, chemisch umsetzt und abbaut. Normalerweise laufen diese Vorgänge in unserem Körper alle automatisch ab, d. h. ohne unsere bewußte Beeinflussung. Unser seelisches Befinden wirkt sich jedoch auf unseren Stoffwechsel aus (z. B. Atmung, Verdauung, Schweißabsonderung).

■ **Das Herz** – Es versorgt sich selbst und alle anderen Organe mit sauerstoffhaltigem Blut und nahrungshaltiger Flüssigkeit. Es steuert sich selbst.

■ **Das Gehirn** – Es ist das höchstentwickelte Organ, das von einer Kapsel umgeben ist und im Lymphwasser schwimmt. Es kontrolliert und dirigiert alle selbstständigen, automatischen Vorgänge.

■ **Der Magen** – Ein wesentlicher Teil der Verdauung findet im Magen statt.

■ **Der Darm** – Hier werden die Nährstoffe aus der Nahrung aufgenommen.

■ **Die Leber** – Sie liefert einen Verdauungssaft – die Galle – und „entgiftet" Substanzen (z. B. Medikamente).

■ **Die Nieren** – Sie filtern aus dem Blut die nicht mehr brauchbaren Stoffe heraus, die über die Harnblase ausgeschieden werden.

1. Woche - 7. Übungstag

Planungsbogen für den Tag **Datum:**

Vormittag: Gehirn-Jogging

Nachmittag:

Abend:

Mein besonderes Tagesziel:

Phase III:
Merk-Zettel – Fragen zum Vorta

Wissenswertes

- In welchem Verhältnis sollte man pflanzliches und tierisches Eiweiß zu sich nehmen?

- In welchen Lebensmitteln sind langsam verwertbare Kohlenhydrate enthalten?

- Wodurch läßt sich die Verdauung verbessern?

- Wieviel Flüssigkeit sollte man am Tag zu sich nehmen?

- Wie sollte man am besten Gemüse zubereiten?

1. Woche - 7. Übungstag

Zum Tagesplan des Vortages

Haben Sie gestern Ihren Tagesplan eingehalten? Schreiben Sie hier bitte auf, was Sie gestern erledigt haben.

Vormittag: Gehirn-Jogging

Nachmittag:

Abend:

Mein besonderes Tagesziel war:

Phase IV: Denk-Mal

Zahlenknobelei

Setzen Sie die fehlenden Zahlen so ein, daß Sie alle Rechnungen richtig lösen können.

	x		–		= 7
x		–		x	
	x		:		= 6
:		+		–	
	x		:		= 3
= 6		= 5		= 1	

1. Woche - 7. Übungstag

Tip des Tages

Stellen Sie sich vor, Sie hätten genug Kapital, um eine eigene Firma zu gründen.
Was würden Sie herstellen und verkaufen?

Wo sind noch Marktlücken?

Erfinden Sie ein ganz neues Produkt!

Phase IV: Lösung und Denk-Netz

Zahlenknobelei

Das ist die Lösung:

2	x	4	–	1	=7
x		–		x	
9	x	4	:	6	=6
:		+		–	
3	x	5	:	5	=3
=6		=5		=1	

Kür-Phase V: Kopf-Kino

1. Woche - 7. Übungstag

Denk-Netz

Hier ist Platz für Ihr Denk-Netz zum „Wissenswerten" aus dem Merk-Zettel von heute.

Führen Sie im Laufe des Tages Ihr Kopf-Kino-Programm durch, immer dann, wenn Sie Zeit und Lust dazu haben.

Phase I: Aufwärmübung

1. Teil: Atemtechnik

In den Atemübungen des ersten Wochenprogramms haben wir Ihnen den Tip gegeben, im Rhythmus einer anschwellenden und abfließenden Bewegung einer **Meereswelle** zu atmen. Diese Vorstellung sollten Sie auch bei Ihren weiteren Atemübungen beibehalten.

Hier aber noch ein neuer Tip:

Erzeugen Sie beim Ausatmen einen kräftigen, tiefen **U-Laut.** Sie werden eine wohltuende Vibration in Ihrem Kopf und Ihrem gesamten Körper spüren. Die Wirkung der Atemübung, Entspannung und Konzentration, wird so noch verstärkt.

Und jetzt noch einmal der gesamte Ablauf der Atemübung inklusive „U-Laut":

Stellen Sie sich eine langsam an- und abschwellende Meereswelle vor. Atmen Sie durch die Nase ein, und lassen Sie dabei zuerst den Bauch hervortreten. Füllen Sie die Lungen völlig auf. Dabei weitet sich der gesamte Brustkorb. Auch die Lungenspitzen werden mit Luft gefüllt. **Zählen Sie beim Einatmen bis 6,** dann können Sie sicher sein, daß Sie nicht zu hastig atmen.

Danach halten Sie 3 Sekunden lang die Luft an, die Meereswelle hat ihren Höhepunkt erreicht.

Atmen Sie anschließend 6 Sekunden lang aus, und erzeugen Sie dabei den tiefen U-Laut. Entleeren Sie zuerst den Bauch und dann den Brustkorb. Wenn die Lungen leer sind, warten Sie noch 3 Sekunden, bevor Sie wieder einatmen.

So entsteht ein Rhythmus, der Sie entspannt und Ihnen Energie zuführt. Wiederholen Sie diese Atemübung etwa 10 mal.

Für Ihre Konzentration:
Ein Tip von Professor Fischer persönlich:

Der Hackenstand

Versuchen Sie, ein bis zwei Minuten auf Ihren Hacken zu stehen oder zu gehen.

Dabei muß Ihr Gehirn immer dafür sorgen, daß Sie das Gleichgewicht behalten. Dadurch wird es besser durchblutet, und Sie können sich besser konzentrieren.

2. Woche - 1. Übungstag

2. Teil: Gymnastische Übungen

Auf dieser Seite finden Sie regelmäßig Übungen zum Dehnen, Strecken und Lockern Ihres Körpers. Außerdem gibt es noch Vorschläge für Muskelanspannungsübungen (Isometrie).

Beide Übungsarten sorgen für eine bessere Durchblutung von Körper und Gehirn und steigern damit die Lernbereitschaft und Lernfähigkeit.

Wer lange keinen Sport getrieben hat oder herzkrank ist, sollte vorher Art und Umfang der Übungen mit dem Arzt besprechen!

Kniebeugen

Machen Sie Kniebeugen, damit Ihre Knie elastisch bleiben. Falls Sie dabei das Gefühl haben umzufallen, halten Sie sich bitte an einem feststehenden Möbelstück fest.

Führen Sie diese Übung etwa 10 mal durch. Anschließend abwechselnd auf einem Bein stehen und das andere Bein ausschütteln.

Isometrie – Muskelanspannungsübungen

Die isometrischen Übungen dienen ebenfalls dazu, den Kreislauf zu aktivieren. Wichtig ist hierbei die abwechselnde Anspannung und Entspannung der Muskeln. Machen Sie jede Übung 3 mal. Führen Sie jede Übung nur 6 Sekunden lang aus, lassen Sie die Muskeln anschließend sofort los und entspannen Sie. Bitte atmen Sie auch während der Anspannung.

Umklammern Sie mit beiden Armen ein Kissen mit aller Kraft, so als wollten Sie mit den Handflächen den Brustkorb erreichen.

Setzen Sie sich auf einen Stuhl. Fassen Sie die Sitzfläche des Stuhls seitlich, so als ob Sie den Stuhl anheben wollten, während Sie darauf sitzen. Jetzt ziehen Sie mit aller Kraft.

Phase II: Basistraining

1. Teil: Informationsaufnahme

Wortsuchspiel

Hier sind Wörter in allen möglichen Richtungen geschrieben. Versuchen Sie, die Wörter schnell zu finden, und kreisen Sie sie ein.

Die versteckten Wörter heißen:

BLUMENKOHL – BOHNEN – ETAGE – MESSE – MUSIK

SAHNE – SAUM – TEER – TROMPETE

Zwei Beispiele haben wir Ihnen gegeben, den Rest werden Sie bestimmt finden:

O	P	R	A	R	O	S	Y	E	J	T	L	R	T	G
R	T	E	E	R	K	U	A	F	K	R	A	T	A	E
E	N	T	G	N	L	V	B	G	L	O	A	N	G	S
M	E	S	S	E	M	X	C	H	M	M	S	A	A	O
M	M	U	M	K	R	B	D	C	E	P	T	T	G	E
A	U	M	A	N	M	E	O	E	S	E	T	F	E	R
H	K	A	M	U	N	I	N	H	E	T	L	I	E	N
M	X	O	S	H	L	H	O	K	N	E	M	U	L	B
O	D	I	J	C	A	S	S	E	S	E	L	U	P	E
E	K	M	U	S	E	S	A	H	R	E	N	N	I	S

Rückwärtslesen

Was heißt das wohl?

.feit dnis ressaW nellits ellA

2. Woche - 1. Übungstag

2. Teil: Informationsspeicherung

Telefonnummern

Versuchen Sie, diese Telefonnummern zu behalten. Prägen Sie sich pro Sekunde eine Ziffer ein. Setzen Sie dann die Übung auf Seite 129 fort. ➤

2 4 4 8 9 6

1 3 5 2 7 0

Phantasie-Figuren

Versuchen Sie, sich die Figuren einzuprägen.
Danach blättern Sie bitte um. ➤

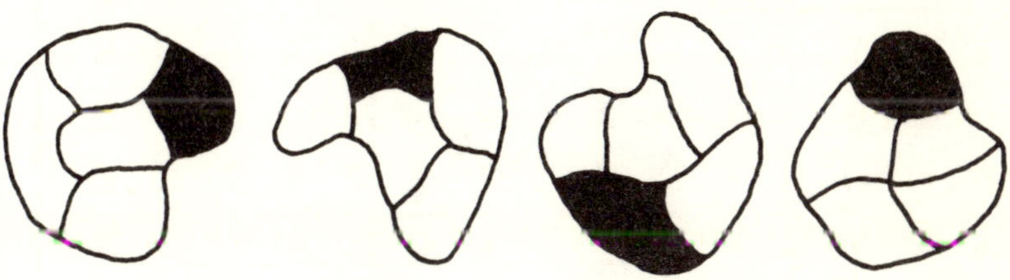

Phase II: Lösungen und Fortsetzungen

Lösungen

Wortsuchspiel

Haben Sie alle Wörter gefunden?

O	P	R	A	R	O	S	Y	E	J	T	L	R	T	G
R	T	E	E	R	K	U	A	F	K	R	A	T	A	E
E	N	T	G	N	L	V	B	G	L	O	A	N	G	S
M	E	S	S	E	M	X	C	H	M	M	S	A	A	O
M	M	U	M	K	R	B	D	C	E	P	T	T	G	E
A	U	M	A	N	M	E	O	E	S	E	T	F	E	R
H	K	A	M	U	N	I	N	H	E	T	L	I	E	N
M	X	O	S	H	L	H	O	K	N	E	M	U	L	B
O	D	I	J	C	A	S	S	E	S	E	L	U	P	E
E	K	M	U	S	E	S	A	H	R	E	N	N	I	S

Rückwärtslesen

Konnten Sie den Satz lesen? Er heißt:
Alle stillen Wasser sind tief.

...aber das haben Sie bestimmt selbst herausgefunden.

2. Woche - 1. Übungstag

Fortsetzungen

➤ Telefonnummern

Unterstreichen Sie bitte die richtigen Telefonnummern.

244617	424891	244896	135270	135217

Für die Kontrolle brauchen Sie nur zurückzublättern.

➤ Phantasie-Figuren

Erinnern Sie sich welche Felder schwarz waren?
Malen Sie sie aus.

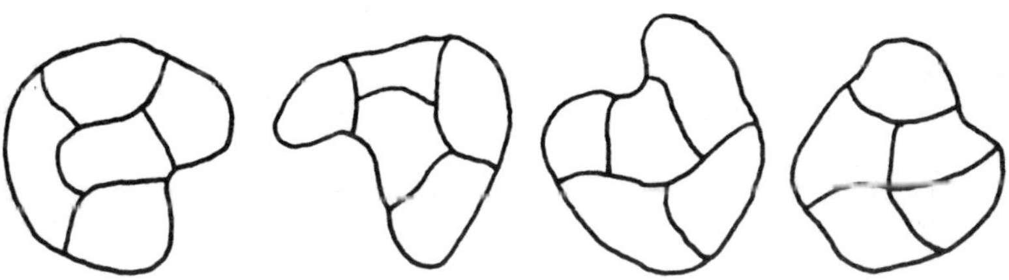

Blättern Sie zurück, dann wissen Sie, ob Sie sich richtig erinnert haben.

Phase III: Merk-Zettel

Wissenswertes

Altern und Gesundheit

Viele Menschen werden heute älter durch medizinische Versorgung, bessere Ernährung und weniger Verschleiß bei der Arbeit. Es wäre möglich, etwa 120 Jahre alt zu werden. Aber kaum jemand wird dieses theoretisch mögliche Maximalalter erreichen. Es gibt zu viele Umstände und Ursachen, die die natürlichen Alterungsvorgänge beschleunigen und damit das Leben verkürzen.

Altern ist zwar ein biologisch vorherbestimmter Vorgang, er wird aber zusätzlich beeinflußt von erblichen, psychischen, sozialen (zwischenmenschlichen) und anderen äußeren Einflüssen.
(Denken Sie an die Umweltverschmutzung!)

Viele dieser Alterungsvorgänge sind vom Menschen selbst zu beeinflussen. Die Geschwindigkeit und die Art und Weise des Alterns sind also veränderbar und kontrollierbar.

Die meisten Menschen wollen ein hohes Alter erreichen und dabei gleichzeitig rüstig und gesund bleiben.

Damit Sie dieses Ziel erreichen, werden Sie in den nächsten Tagen im Kapitel „Wissenswertes" einige wichtige Alterungsvorgänge kennenlernen und Tips bekommen, wie Sie Ihre Gesundheit und Leistungsfähigkeit erhalten können.
Wichtig dafür ist auch die Kür-Phase V: Kopf-Kino.

Ihr Ziel sollte es sein, möglichst gesund alt zu werden! Voraussetzung ist die geistige und körperliche Fitneß und seelisches Wohlbefinden.
Mach mit, sei fit!

2. Woche - 1. Übungstag

Planungsbogen für den Tag **Datum:**

Um immer auf der Höhe zu sein, ist es wichtig, den Tag gut zu planen und sich etwas Sinnvolles vorzunehmen. An dieser Stelle können Sie täglich Ihr persönliches Tagesprogramm planen. Gehirn-Jogging sollten Sie immer zur selben Tageszeit machen. Tragen Sie alles ein, z. B. Arzttermine, Einkäufe, Verabredungen, Vorhaben, besondere Tagesziele wie z. B. den Volkshochschul-Plan holen und vieles andere mehr:

Vormittag: Gehirn-Jogging

Nachmittag:

Abend:

Mein besonderes Tagesziel:

Phase III: Merk-Zettel – Fragen zum Vorta

Wissenswertes

An dieser Stelle finden Sie immer Fragen zum „Wissenswerten" vom Vortag.

Können Sie sich noch an das „Wissenswerte" vom letzten Übungstag des 1. Wochenprogramms erinnern?

Wenn nicht, lesen Sie nach!

Wenn Sie das erste Wochenprogramm nicht haben sollten, dann brauchen Sie diese Fragen nicht zu beantworten. Schon morgen finden Sie dann neue Fragen zum „Wissenswerten" von heute.

■ Was versteht man in der Biologie unter einem Stoffwechsel?

■ Wodurch wird der Stoffwechsel auch beeinflußt?

■ Was sind die wichtigsten Organe?

■ Was ist die Aufgabe des Herzens?

■ Was ist die Aufgabe des Gehirns?

2. Woche - 1. Übungstag

Zum Tagesplan des Vortages

Wenn Sie auch schon das erste Gehirn-Jogging-Wochenprogramm durchgearbeitet haben, dann können Sie jetzt überlegen, ob Sie Ihren Tagesplan vom 7. Übungstag eingehalten haben. Schreiben Sie hier bitte auf, was Sie an diesem Tag gemacht haben.

Vormittag: Gehirn-Jogging ______________________

____

____

Nachmittag: ______________________________________

____

____

____

____

Abend: ____

____

____

Mein besonderes Tagesziel war: ____________________

____

____

Phase IV: Denk-Mal

Immer diese Radfahrer

Herr Müller und Frau Meier sind mit ihren Fahrrädern unterwegs.

An einem See begegnen sie sich und fahren aneinander vorbei. Frau Meier fährt ganz gemütlich mit 10 km/Std.. Herr Müller auf seinem Rennrad ist viel schneller. Er ist mit 30 km/Std. unterwegs.

Welcher von den beiden sah den anderen schneller vorbeisausen?

2. Woche - 1. Übungstag

Tip des Tages

Gäste einladen

Wie lange ist es schon her, daß Sie Gäste eingeladen haben?

Machen Sie doch mal wieder einen richtig gemütlichen Kaffee-Klatsch, oder laden Sie zum Salatbuffet ein. Jeder Ihrer Gäste muß etwas mitbringen: Einen selbstgebackenen Kuchen oder einen leckeren Salat.

Plaudern Sie über etwas Nettes, über gemeinsame Erinnerungen und Erlebnisse.

Machen Sie mit Ihren Gästen Gehirn-Jogging. Kennen das Ihre Gäste schon, oder gibt es auch einige, die sagen, daß sie „so etwas" nicht nötig hätten? Antworten Sie Ihnen, daß jeder, der fit sein will, auch dafür trainieren muß. Jeder Sportler braucht regelmäßiges Training, um körperlich fit zu bleiben. Genauso braucht jeder Mensch Gehirn-Jogging, um fit zu bleiben.

Denn:

Körper, Geist und Seele sind eins!

Phase IV: Lösung und Denk-Netz

Immer diese Radfahrer

Beide sehen sich mit derselben Geschwindigkeit von 40 km/Std. aneinander vorbeisausen!

Zum täglichen Kopf-Kino

1. Zuerst Ziel auswählen
   - zur Bekämpfung von Krankheiten
   - oder zum Lösen von Problemen
   - oder für das Erlangen des seelischen Gleichgewichts
2. Entspannen durch Atemtechnik
3. Ganz auf den eigenen Körper konzentrieren
4. Film erzeugen, um das Ziel anzusteuern
5. 5 bis 10 Minuten den Film auf der inneren Leinwand voll konzentriert verfolgen
6. Zum Abschluß alle Muskeln fest anspannen und entspannen

Kür-Phase V: Kopf-Kino

2. Woche - 1. Übungstag

Denk-Netz

Sie bekommen jeden Tag auf dieser Seite die Möglichkeit, über das Wissenswerte der Phase III ein Denk-Netz anzufertigen. Heute ein Beispiel zum Thema:

Altern und Gesundheit

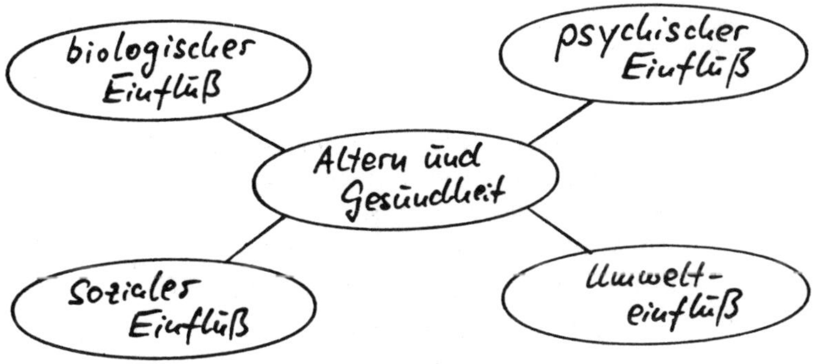

Führen Sie im Laufe des Tages Ihr Kopf-Kino-Programm durch, immer dann, wenn Sie Zeit und Lust dazu haben.

Phase I: Aufwärmübung

1. Teil: Atemtechnik

Denken Sie bitte an den Atem-Rhythmus:

6 Pulsschläge lang einatmen, 3 Pulsschläge lang die Luft anhalten, 6 ausatmen (dabei einen U-Ton erzeugen), 3 Pause und wieder langsam einatmen.

Wiederholen Sie diesen Atem-Rhythmus etwa 10 mal.

Stellen Sie sich langsam anrollende und ausrollende, riesige Meereswellen vor.

...und noch ein Konzentrations-Tip von Professor Fischer persönlich:

Der Händeschnelldreh

Halten Sie Ihre Hände seitwärts vor Ihr Gesicht. Drehen Sie bitte Ihre Hände mit den Unterarmen so weit und so schnell wie möglich. Tun Sie dies ungefähr eine halbe Minute lang. Auch diese Übung fördert die Durchblutung Ihres Gehirns und Ihre Konzentration.

2. Woche - 2. Übungstag

2. Teil: Gymnastische Übungen

Jede körperliche Übung bringt Vorteile

Körperliche Übungen erzielen nicht erst mit einem olympiareifen Training positive Wirkungen auf Körper, Geist und Seele. Auch kleinste Übungen, wie sie auch von Älteren, Kranken und Pflegebedürftigen ausgeübt werden können, bringen erhebliche Vorteile.

Jeder Mensch muß im Rahmen seiner Möglichkeiten körperlich und geistig trainieren.

Wer rastet, rostet.

Kopf-Wenden

Verbessern Sie die Wendigkeit Ihres Kopfes. Drehen Sie vorsichtig, aber mit Energie, den Kopf abwechselnd nach links und rechts, so weit wie möglich.

Führen Sie diese Übung etwa 10 mal durch

Isometrische Übungen

Führen Sie jede Übung 3 mal durch. Spannen Sie Ihre Muskeln jeweils 6 Sekunden mit maximaler Kraft an. Lassen Sie dann sofort die Muskeln los und entspannen Sie.

Verschränken Sie Ihre Hände im Nakken, und drücken Sie den Kopf so fest wie möglich gegen den Widerstand der Hände nach hinten.

Legen Sie Ihre Handflächen an die Stirn mit geradeaus gerichteten Ellbogen. Drücken Sie den Kopf gegen den Widerstand der Hände nach vorn.

Phase II: Basistraining

1. Teil: Informationsaufnahme

Gleiche Zeichen

Diese Übung verbessert die Schnelligkeit und Flexibilität Ihrer Informationsaufnahme. Aus einer Vielzahl von Informationen lernen Sie, das Wesentliche schneller zu erkennen.

Gleichzeitig fördert diese Übung Ihre Konzentration.

Wenn 2 gleiche Zeichen **nebeneinander** stehen, so müssen Sie diese durchstreichen. Zwei Beispiele zeigen, wie es geht. Führen Sie diese Übung möglichst schnell durch.

AF	GF	KH	GH	HJ	AL	GJ
ZD	~~EE~~	HG	KJ	GJ	DL	DD
HN	DH	JO	OO	JJ	GK	GT
HH	GT	PO	PO	UL	DL	UI
JK	HK	KK	~~HH~~	MN	SS	VV
PO	HH	GZ	ZT	BR	DE	BE
KH	DO	TU	UV	EF	GZ	EE
XX	OQ	VV	UU	FF	RT	TZ
KX	JJ	UI	GT	DR	UU	UV
FH	JI	GR	LW	GG	VO	PB
GG	HO	TT	AA	HX	DH	PP
HF	LM	IZ	SR	TR	GU	LD
JG	NM	FH	DE	SA	TT	FU
DD	WM	EE	HU	TR	FG	UU

Schreiben Sie bitte unter jede Spalte die Anzahl der durchgestrichenen Buchstaben.

Wortversteck

In diesen Buchstabenreihen sind Wörter versteckt. Unterstreichen Sie alle, die Sie entdecken.

REMOOSTWAUSITRKAHNVEXRADWQOKINDTAKGEJOWET
GEHIRNXKUTUTRAININGTATKI

2. Woche - 2. Übungstag

2. Teil: Informationsspeicherung

Linien nachzeichnen

Prägen Sie sich den Verlauf dieser drei Linien genau ein. Auf Seite 143 versuchen Sie bitte, sie nachzuzeichnen.

Natürlich aus dem Gedächtnis!

Zeichnen Sie eine nach der anderen! Sie haben jeweils 2 Versuche! ►

a) 

b) 

c) 

Strategie:

Stellen Sie sich vor, das wäre die Kulisse einer Stadt, Gebäude, Hochhäuser, Moscheen. Lassen sich die Linien dann nicht leichter einprägen?

Buchstabenreihen

Versuchen Sie bitte, sich die folgenden Buchstaben möglichst schnell einzuprägen. Dann blättern Sie bitte um. ►

KTUD	CDGE	KDOQ

Phase II: Lösungen und Fortsetzungen

Lösungen

Gleiche Zeichen

AF	GF	KH	GH	HJ	AL	GJ
ZD	~~FF~~	HG	KJ	GJ	DL	~~DD~~
HN	DH	JO	~~OO~~	~~JJ~~	GK	GT
~~HH~~	GT	PO	PO	UL	DL	UI
JK	HK	~~KK~~	~~HH~~	MN	~~SS~~	~~VV~~
PO	~~HH~~	GZ	ZT	BR	DE	BE
KH	DO	TU	UV	EF	GZ	~~EE~~
~~XX~~	OQ	~~VV~~	~~UU~~	~~FF~~	RT	TZ
KX	~~JJ~~	UI	GT	DR	~~UU~~	UV
FH	JI	GR	LW	~~GG~~	VO	PB
~~GG~~	HO	~~TT~~	~~AA~~	HX	DH	~~PP~~
HF	LM	IZ	SR	TR	GU	LD
JG	NM	FH	DE	SA	~~TT~~	FU
~~DD~~	WM	~~EE~~	HU	TR	FG	~~UU~~
4	3	4	4	3	3	5

Haben Sie alle gefunden? Es sind 26!

Wortversteck

REMOOSTWAUSITRKAHNVEXRADWQOKINDTAKGEJOWET

GEHIRNXKUTUTRAININGTATKI

2. Woche - 2. Übungstag

Fortsetzungen

➤ Linien nachzeichnen

Versuchen Sie jetzt bitte, die drei Linien aus dem Gedächtnis nachzuzeichnen. Blättern Sie erst danach zur Kontrolle zurück.

a)

b)

c)

➤ Buchstabenreihen

Erinnern Sie sich noch an die Buchstaben?

Welche fehlen hier? Ergänzen Sie bitte die fehlenden, und vergleichen Sie.

K . U D	. D G E	K D O .

Phase III: Merk-Zettel

Wissenswertes

Physische (körperliche) Alterungsursachen I

1. Biologisch bedingtes Altern

Der Mensch muß sich auf das biologisch bedingte Altern einstellen und annehmen, daß bestimmte körperliche Veränderungen stattfinden. Im hohen Alter nehmen die Fähigkeiten einiger Körperfunktionen ab. Hören und Sehen müssen deshalb optimal ausgeglichen werden (Hörgerät, Brille).

Die Regulationsmöglichkeiten anderer Körperfunktionen, z. B. bei extremen Temperaturänderungen, lassen ebenfalls nach, wenn man nichts dagegen tut. Einige Möglichkeiten hierfür sind z. B.: Schwimmen, in die Sauna gehen, eine Kneipp-Kur machen u. a.

2. „Gesunder" Lebensstil

Ein lebenslang praktizierter, „gesunder" Lebensstil bietet die besten Chancen für ein hohes und gesundes Alter.

Dazu gehören:

a) Gesunde Ernährung

Sie ist in jeder Lebensphase wichtig! (siehe 1. Wochenprogramm)

b) Bewegung, Sport

Wer beweglich bleiben will, muß sich bewegen!

Für die körperliche Fitness sind Ausdauersportarten besonders geeignet: Laufen, Wandern, Ski-Langlauf, Radfahren, Schwimmen; oder auch spezielle Gymnastiken und isometrische Übungen!

c) Anspannung – Entspannung

Nach Phasen der Anspannung ist es wichtig, sich ausreichend zu entspannen.

Gönnen Sie sich einen geregelten Tagesablauf mit ausgiebigen Schlafzeiten.

...Fortsetzung morgen!

2. Woche - 2. Übungstag

Planungsbogen für den Tag **Datum:** ______

Um immer auf der Höhe zu sein, ist es wichtig, den Tag gut zu planen und sich etwas Sinnvolles vorzunehmen. An dieser Stelle können Sie täglich Ihr persönliches Tagesprogramm planen. Gehirn-Jogging sollten Sie immer zur selben Tageszeit machen. Tragen Sie alles ein, z. B. Arzttermine, Einkäufe, Verabredungen, Vorhaben, besondere Tagesziele wie z. B. den Volkshochschul-Plan holen und vieles andere mehr:

Vormittag: Gehirn-Jogging

______

______

______

Nachmittag: ______

______

______

______

______

Abend: ______

______

______

Mein besonderes Tagesziel: ______

______

Wann gehen Sie mal wieder im Wald spazieren?

Phase III:
Merk-Zettel – Fragen zum Vorta

Wissenswertes

■ Wie alt könnte ein Mensch werden?

■ Was beeinflußt das biologisch vorherbestimmte Altern?

■ Welche Alterungsvorgänge sind vom Menschen nicht zu beeinflussen?

■ Wie läßt sich ein hohes Alter erreichen?

2. Woche - 2. Übungstag

Zum Tagesplan des Vortages

Haben Sie gestern Ihren Tagesplan eingehalten? Schreiben Sie hier bitte auf, was Sie gestern erledigt haben.

Vormittag: Gehirn-Jogging

Nachmittag:

Abend:

Mein besonderes Tagesziel war:

Phase IV: Denk-Mal

Gleichung

Setzen Sie die fehlenden Zahlen so ein, daß Sie alle Rechnungen richtig lösen können.

	·		:		=10
:		+		·	
	·		:		=4
+		−		−	
	·		−		=5
=9		=9		=7	

Lern-Strategie

Erfolge bewußt erleben

Wenn Sie etwas Neues ausprobieren oder lernen wollen, dann machen Sie sich jeden auch noch so kleinen Lern-Fortschritt bewußt, und freuen Sie sich darüber.

So werden Sie das Gelernte besser im Gedächtnis behalten. Außerdem wird Sie dies motivieren weiterzulernen.

2. Woche - 2. Übungstag

Tip des Tages

Sonderangebote

Wenn Sie einkaufen gehen, (vielleicht erinnern Sie sich noch an die wichtigsten Nahrungsmittel aus dem 1. Wochenprogramm?) dann machen Sie sich doch einen „Sport" daraus, die günstigsten Sonderangebote herauszufinden.

Doch Achtung: Billig ist nicht gleich günstig!
Manchmal verbergen sich hinter scheinbar preiswerten Sonderangeboten Waren mit minderwertigerer Qualität. Seien Sie ruhig kritisch, es geht ja um Ihr Geld!

Wenn Sie Zeit und Lust haben, dann gehen Sie von Geschäft zu Geschäft. Denn wenn Sie die Preise vergleichen, sparen Sie nicht nur Geld, sondern machen auch einen strammen Marsch und trainieren gleichzeitig Ihr Gedächtnis, wenn Sie die Preise im Kopf behalten und vergleichen.

Phase IV: Lösung und Denk-Netz

Gleichung

8	·	5	:	4	=10
:		+		·	
2	·	6	:	3	=4
+		–		–	
5	·	2	–	5	=5
=9		=9		=7	

Kür-Phase V: Kopf-Kino

2. Woche - 2. Übungstag

Denk-Netz

Hier ist Platz für Ihr Denk-Netz zum „Wissenswerten" aus dem Merk-Zettel von heute.

Führen Sie im Laufe des Tages Ihr Kopf-Kino-Programm durch, immer dann, wenn Sie Zeit und Lust dazu haben.

Phase I: Aufwärmübung

1. Teil: Atemtechnik

Denken Sie bitte an den Atem-Rhythmus:

6 Pulsschläge lang einatmen, 3 Pulsschläge lang die Luft anhalten, 6 ausatmen (dabei einen U-Ton erzeugen), 3 Pause und wieder langsam einatmen.

Wiederholen Sie diesen Atem-Rhythmus etwa 10 mal.

Stellen Sie sich langsam anrollende und ausrollende, riesige Meereswellen vor.

2. Woche - 3. Übungstag

2. Teil: Gymnastische Übungen

Kniestrecken

Legen Sie sich auf den Rücken. Ziehen Sie ein Knie so weit wie möglich an den Körper heran. Dann stoßen Sie Ihr Knie mit einem kräftigen Schwung nach vorn, als ob Sie etwas wegbefördern wollten. Anschließend führen Sie die Übung mit dem anderen Bein aus. Insgesamt beugen und strecken Sie jedes Knie 4 bis 5 mal.

Isometrische Übungen

Führen Sie jede Übung 3 mal durch. Spannen Sie Ihre Muskeln jeweils 6 Sekunden mit maximaler Kraft an, und lassen Sie dann sofort los und entspannen Sie. Vergessen Sie nicht, auch während der Anspannung zu atmen.

Stellen Sie sich ca. einen halben Meter vor einer Wand auf, mit dem Gesicht zur Wand. Strecken Sie Ihre Arme seitlich aus, und legen Sie die Handflächen auf die Wand. Drücken Sie mit beiden Armen, als ob Sie die Hände zusammenbringen wollten.

Legen Sie die rechte Handfläche über das rechte Ohr. Drücken Sie den Kopf gegen den Widerstand der Hand. Anschließend üben Sie mit der linken Hand.

Phase II: Basistraining

1. Teil: Informationsaufnahme

Formen und Zahlen

Jede der Formen hat einen bestimmten Zahlenwert.

Ein Oval steht für eine 4 (vier), ein Kreis steht für eine 7 (sieben), und jedes Sechseck bedeutet –5 (minus fünf). Welche Zahl ergibt sich, wenn alle Formen zusammengezählt bzw. abgezogen werden?

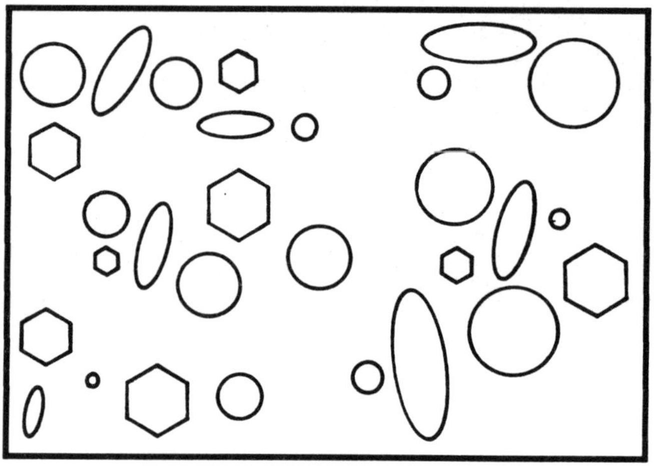

Wie heißt die nächste Zahl?

2 – 4 – 6 – 4 – 6 – 8 – __

2. Woche - 3. Übungstag

2. Teil: Informationsspeicherung

Das Haus

Schauen Sie sich dieses Bild ca. 1 Minute lang intensiv an. Danach blättern Sie bitte um und beantworten einige Fragen dazu. ➤

Drei Zahlen

Prägen Sie sich bitte diese Zahlen ein.
Danach können Sie wieder umblättern. ➤

561	869	173

Phase II: Lösungen und Fortsetzungen

Lösungen

Formen und Zahlen
Die Lösung lautet:

$$7 \cdot \text{Oval} + 14 \cdot \text{Kreis} - 8 \cdot \text{Sechseck} =$$
$$7 \cdot 4 + 14 \cdot 7 - 8 \cdot 5 = 86$$

Wie heißt die nächste Zahl?

Der Rhythmus ist: +2 +2 −2 +2 +2 −2

Die nächste Zahl ist also 6.

2. Woche - 3. Übungstag

Fortsetzungen

Das Haus

Nun einige Fragen zu dem Bild.

1) Wie viele Haustüren hat das Haus? ____________

2) Gibt es eine Straßenlaterne? ____________

3) Sind die Fenster eckig oder abgerundet? ____________

4) Ist irgendwo ein Fahrzeug abgebildet? ____________

5) Wie viele Schornsteine sind zu erkennen? ____________

6) Welche Fenster sind geöffnet? ____________

Versuchen Sie bitte, diese Fragen aus dem Gedächtnis zu beantworten. Erst nach der letzten Frage zum Vergleich zurückblättern!

Drei Zahlen

Welche der Zahlen haben Sie schon auf der Vorderseite gesehen?
Kreuzen Sie sie bitte an, und vergleichen Sie dann.

761	462	561	899	869	173	172

Phase III: Merk-Zettel

Wissenswertes

Physische (körperliche) Alterungsursachen II

2. Fortsetzung „Gesunder" Lebensstil
d) mäßiger Konsum von Genußmitteln
Zu den sog. Genußmitteln gehören: Tabak, Alkohol u. Kaffee.

■ **Rauchen** ist im höchsten Maße schädlich. Die Sauerstoffaufnahme der Körperzellen wird blockiert. Der im Rauch enthaltene Teer ist ein stark krebsfördernder Bestandteil. Das Nikotin ist ein starkes Nerven- und Blutgefäßgift, das durch häufigen Konsum verschiedene Erkrankungen (z. B. Arterienverkalkung, Angina pectoris, Herzinfarkt und Magengeschwüre) ungünstig beeinflussen oder sogar verursachen kann. Angesichts dieser Gefahren muß das Rauchen völlig eingestellt werden. Sind Sie willensstark? Dann hören Sie sofort auf zu rauchen. Das ist die beste Lösung.
Für starke Raucher (ca. 15 Zigaretten täglich) ist das Aufhören vielleicht schwer. Versuchen Sie schrittweise aufzuhören: (Das ist aber nur die zweitbeste Lösung):

Möchten Sie rauchen, zögern Sie es hinaus; essen Sie Obst, statt zu rauchen; kaufen Sie keine Zigaretten mehr. Lassen Sie sich keine Zigaretten mehr anbieten. Erklären Sie allen stolz, daß Sie Nichtraucher geworden sind. Machen Sie Kopf-Kino. Stellen Sie sich vor, wie Sie erfolgreich zum Nichtraucher werden!

■ Übermäßiger **Alkoholkonsum** kann zu Alkoholismus führen. Probleme im sozialen Bereich und körperliche Schädigungen sind die Folgen:
Z. B. chronische Magenschleimhautentzündungen, Verfettung der Leber („Säuferleber") und des Herzmuskels, Störungen des gesamten Blutgefäßsystems und der Nieren und des Nervensystems.
Übrigens: Wenn Sie einen Alkoholiker kennen, schicken Sie ihn zu den Anonymen Alkoholikern. Die helfen jedem.

■ Mäßiger Konsum von **Kaffee** (2–3 Tassen) muß nicht schädlich sein. Die Durchblutung vieler Organe (z. B. Herz, Gehirn, Darm, Nieren) wird angeregt und die Aufmerksamkeit gesteigert. Aber Bluthochdruck-Patienten sollten besonders vorsichtig sein.

2. Woche - 3. Übungstag

Planungsbogen für den Tag **Datum:**

Vormittag: Gehirn-Jogging

Nachmittag:

Abend:

Mein besonderes Tagesziel:

Phase III:
Merk-Zettel – Fragen zum Vorta

Wissenswertes

■ Was geschieht im hohen Alter mit einigen Körperfunktionen?

■ Welche Vorteile bietet Ihnen ein gesunder Lebensstil?

■ Was verstehen Sie unter „gesunder" Ernährung?

■ Welche Sportarten sollten ältere Menschen ausüben? Nennen Sie einige Beispiele!

2. Woche - 3. Übungstag

Zum Tagesplan des Vortages

Haben Sie gestern Ihren Tagesplan eingehalten? Schreiben Sie hier bitte auf, was Sie gestern erledigt haben.

Vormittag: Gehirn-Jogging

Nachmittag:

Abend:

Mein besonderes Tagesziel war:

Phase IV: Denk-Mal

Zahlenknobelei

Welchen Zahlenwert hat jeder Buchstabe?

$$A + C + D + B = 19$$

$$D + D + D + D = 32$$

$$D + D + B + B = 22$$

$$D - A = C$$

$$A + A = 2$$

Lern-Strategie

Drillings-Methode

Dieses Frageraster ist eine Strategie, mit der Sie beim Lesen von Texten Neuigkeiten, die Sie gerne behalten wollen, leichter im Langzeitgedächtnis speichern können.

Stellen Sie an einen neuen Text immer 3 Fragen:

1. Was ist für mich neu?

2. Was ist bemerkenswert und behaltenswert?

3. Was ist meine Meinung dazu?

2. Woche - 3. Übungstag

Tip des Tages

Verein für Werken, Basteln, Lesen, Malen, Tanzen, Sport, Gymnastik, Laienspiele...

Viele Menschen sind in Vereinen, weil sie gerne mit anderen interessante Dinge tun. Außerdem kann man dort viele neue und nette Leute kennenlernen.

Hätten Sie dazu Lust? In fast allen Vereinen können Sie am Anfang probeweise mitmachen.
Vielleicht finden Sie den für Sie richtigen mit netten Leuten und interessanten Aufgaben.

Sie können auch einen privaten Gehirn-Jogging-Klub gründen! Laden Sie Bekannte ein, machen Sie gemeinsam Gehirn-Jogging.
Entdecken Sie alte und neue Spiele!

Schreiben Sie uns Ihre Ideen und Erfahrungen!

Gesellschaft für

Gehirn-Jogging e.V.

Phase IV: Lösung und Denk-Netz

Zahlenknobelei

A = 1   B = 3   C = 7   D = 8

Kür-Phase V: Kopf-Kino

2. Woche - 3. Übungstag

Denk-Netz

Hier ist Platz für Ihr Denk-Netz zum „Wissenswerten" aus dem Merk-Zettel von heute.

Führen Sie im Laufe des Tages Ihr Kopf-Kino-Programm durch, immer dann, wenn Sie Zeit und Lust dazu haben.

Phase I: Aufwärmübung

1. Teil: Atemtechnik

Denken Sie bitte an den Atem-Rhythmus: 6 Pulsschläge lang einatmen, 3 Pulsschläge lang die Luft anhalten, 6 ausatmen (denken Sie an den U-Laut), 3 Pause und wieder langsam einatmen.

Wiederholen Sie diesen Atem-Rhythmus etwa 10 mal.

Stellen Sie sich langsam anrollende, riesige Meereswellen vor.

Wir sind hartnäckig. Wir erinnern Sie immer wieder daran, die Atemübung durchzuführen. Sie ist nicht nur nützlich beim Gehirn-Jogging, sondern immer dann, wenn Sie nervös und aufgeregt sind und sich zerschlagen fühlen.

Der persönliche Tip von Professor Fischer:

Fäuste ballen

Strecken Sie Ihre Arme bitte waagerecht nach vorne. Schließen Sie Ihre Hände zu Fäusten und öffnen Sie sie wieder. Tun Sie dies so schnell und fest Sie können, ungefähr eine halbe Minute lang. Schütteln Sie dann Ihre Arme aus, um die Muskeln zu lockern. Danach können Sie diese Übung mit nach oben ausgestreckten Armen wiederholen. Das fördert die Durchblutung im Gehirn sofort.

2. Woche - 4. Übungstag

2. Teil: Gymnastische Übungen

Rumpfdrehbeuge

Stellen Sie sich leicht gegrätscht hin. Beugen Sie Ihren Oberkörper nach vorne. Drehen Sie Ihren Oberkörper nach links und rechts im Wechsel. Dabei berührt Ihre linke Hand den rechten Fuß und umgekehrt die rechte Hand den linken Fuß. Machen Sie je 10 Drehungen nach links und rechts. Atmen Sie dabei ruhig weiter, und schütteln Sie zum Schluß Arme und Beine aus.

Isometrische Übungen

Führen Sie jede Übung 3 mal durch. Spannen Sie Ihre Muskeln jeweils 6 Sekunden mit maximaler Kraft an, und lassen Sie dann sofort los und entspannen Sie. Vergessen Sie nicht, auch während der Anspannung zu atmen.

Legen Sie sich auf den Rücken, und ziehen Sie die Knie etwas an. Halten Sie hinter Ihren Kopf ein Buch und versuchen Sie, den Oberkörper aufzurichten.

Legen Sie sich auf den Bauch, und schieben Sie die Fersen unter ein schweres Möbelstück (Bett, Sessel). Tun Sie so, als wollten Sie dieses Möbelstück mit den Beinen heben.

Phase II: Basistraining

1. Teil : Informationsaufnahme

„Zahlen-Wort"

Bilden Sie aus dem Wort „Gartenstuehle" einige neue Wörter. Zu jedem Buchstaben gehört eine Zahl. Die untenstehenden Zahlenkombinationen geben Ihnen die neuen Wörter an, die Sie aus den Buchstaben des Wortes „Gartenstuehle" bilden sollen. Führen Sie die Übung möglichst schnell durch.

G	A	R	T	E	N	S	T	U	E	H	L	E
5	11	2	9	6	1	13	3	7	10	12	8	4

Ein Beispiel haben wir Ihnen gegeben:

1.) 2, 11, 13, 4, 1: RASEN

2.) 5, 6, 2, 1, 10: ______

3.) 12, 4, 7, 9, 6,: ______

4.) 2, 11, 3, 10, 1 ______

5.) 8, 6, 12, 1, 4: ______

6.) 9, 2, 11, 10, 1, 6: ______

7.) 11, 8, 3, 4, 2: ______

8.) 10, 7, 8, 6, 1: ______.

Linien fortsetzen

Versuchen Sie bitte herauszufinden, welche der drei Linien die linke fortsetzt. Verfolgen Sie die Linie nur mit den Augen, nehmen Sie dazu kein Hilfsmittel wie z. B. ein Lineal.

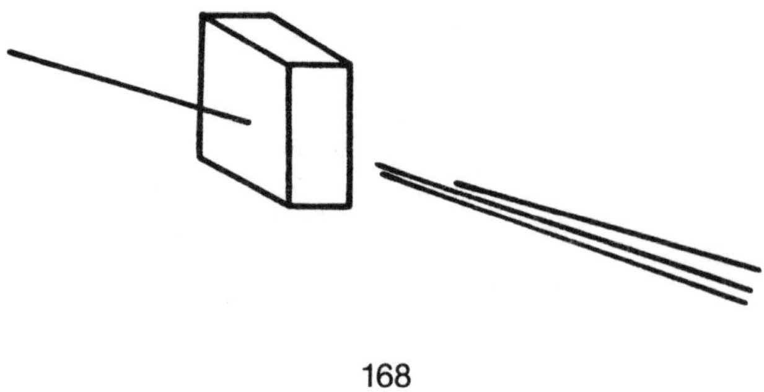

2. Woche - 4. Übungstag

2. Teil: Informationsspeicherung

Quadrate

Versuchen Sie, sich die Quadrate und ihre Lage zueinander einzuprägen. Nach ca. 1 Minute blättern Sie dann bitte um. ➤

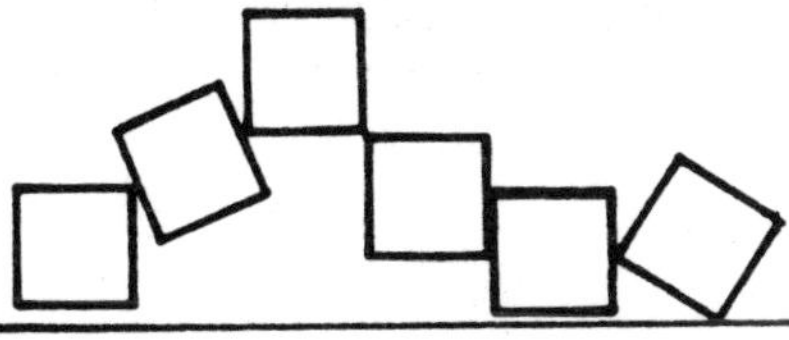

Einfach tierisch

Hier sind einige recht bekannte Tiere abgebildet. Können Sie sich alle einprägen? Dann blättern Sie bitte um. ➤

Phase II: Lösungen und Fortsetzungen

Lösungen

„Zahlen-Wort"

Und hier sind die Lösungen:

1.) RASEN
2.) GERNE
3.) HEUTE
4.) RATEN
5.) LEHNE
6.) TRAENE
7.) ALTER
8.) EULEN

Linie fortsetzen

Es ist die obere Linie.

2. Woche - 4. Übungstag

Fortsetzungen

➤ Quadrate

Zeichnen Sie bitte aus dem Gedächtnis die Quadrate nach. Blättern Sie erst zurück, wenn Sie fertig sind.

➤ Einfach tierisch

Erinnern Sie sich an alle Tiere? Welche waren es?
Die Reihenfolge ist gleichgültig.

Welche Tiere haben eine Besonderheit?

Phase III: Merk-Zettel

Wissenswertes

Physische (körperliche) Alterungsursachen III

3. Optimale medizinische Behandlung

Eine gesunde Lebensweise hilft, Krankheiten vorbeugend zu vermeiden. Trotzdem können Krankheiten auftreten. Dann wird medizinische Betreuung notwendig, um Besserung zu erzielen oder Verschlimmerungen zu vermeiden.
Für ältere Menschen sehr gefährlich ist das sogenannte „Risiko-Dreigespann" Fettleibigkeit, Bluthochdruck und Zucker.

Diese Risiken können aber von jedem vermieden oder vermindert werden.
Eine bewußte, gesunde Ernährung ist dazu genauso notwendig und hilfreich wie genügend Bewegung.

Bei vorhandenem Bluthochdruck und Zucker hilft jedoch keine Vorbeugung mehr. Diese Krankheiten müssen unbedingt ärztlich betreut werden. Medizinische Verordnungen und entsprechende Diäten müssen streng eingehalten werden.
Dann können ältere Menschen, trotz eventuell vorhandener Alterskrankheiten, „gesünder" alt werden.

2. Woche - 4. Übungstag

Planungsbogen für den Tag **Datum:**

Vormittag: Gehirn-Jogging

Nachmittag:

Abend:

Mein besonderes Tagesziel:

Phase III:
Merk-Zettel – Fragen zum Vorta

Wissenswertes

- Welche Schädigungen verursacht das Rauchen?

____

____

- Wie kann man sich das Rauchen leichter abgewöhnen?

____

____

- Welche Schädigungen verursacht übermäßiger Alkoholkonsum?

____

____

- Welche Wirkung hat mäßiger Kaffeekonsum?

____

____

2. Woche - 4. Übungstag

Tip des Tages

Ausflüge

Verabreden Sie doch einmal mit Verwandten, dic Sie schon lange Zeit nicht mehr gesehen haben, einen Ausflug zu machen. Gehen Sie in einem Wald oder Park spazieren, und kehren Sie zur Stärkung anschließend in ein gemütliches Gartenrestaurant oder Caféhaus ein. Gönnen Sie sich mal Ihren Lieblingskuchen.

Oder –

Planen Sie eine Zugfahrt mit Bekannten zu einem sehenswerten Ziel, zu Schlössern, Burgen, Seen, Städten...

Phase IV: Lösung und Denk-Netz

Quadrat-Knobelei

Hier ist die Lösung:

Es sind 35 Quadrate.

Drei Möglichkeiten sind als Beispiele eingezeichnet:

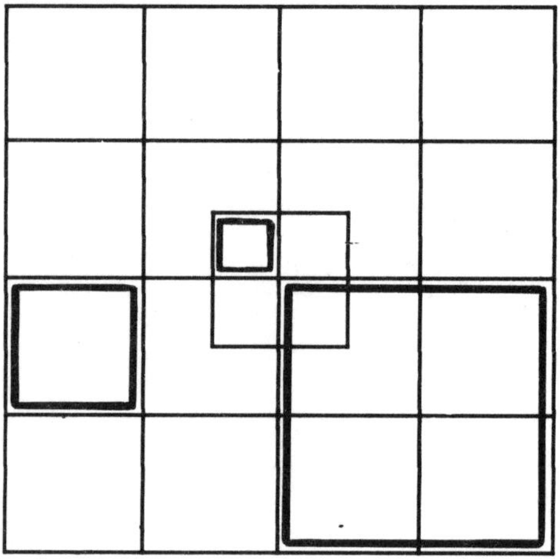

Kür-Phase V: Kopf-Kino

2. Woche - 4. Übungstag

Denk-Netz

Hier ist Platz für Ihr Denk-Netz zum „Wissenswerten" aus dem Merk-Zettel von heute.

Führen Sie im Laufe des Tages Ihr Kopf-Kino-Programm durch, immer dann, wenn Sie Zeit und Lust dazu haben.

Phase I: Aufwärmübung

1. Teil: Atemtechnik

Denken Sie bitte an den Atem-Rhythmus:

6 Pulsschläge lang einatmen, 3 Pulsschläge lang die Luft anhalten, 6 ausatmen (denken Sie an den U-Ton), 3 Pause und wieder langsam einatmen. Wiederholen Sie diesen Atem-Rhythmus etwa 10 mal.

Stellen Sie sich langsam anrollende, riesige Meereswellen vor.

2. Woche - 5. Übungstag

2. Teil: Gymnastische Übungen

Oberkörper-Aufrichten

Legen Sie sich flach auf den Rücken. Ihre Arme sind dicht am Körper. Richten Sie nun den gestreckten Oberkörper langsam auf, und lassen Sie ihn dann wieder langsam zurücksinken. Führen Sie diese Übung etwa 5 mal durch.

Zur Erleichterung können Sie die Fußspitzen unter ein feststehendes Möbelstück schieben.

Isometrische Übungen

Führen Sie jede Übung 3 mal durch. Spannen Sie Ihre Muskeln jeweils 6 Sekunden lang mit maximaler Kraft an, und lassen Sie dann sofort los und entspannen Sie. Vergessen Sie nicht, auch während der Anspannung zu atmen.

Legen Sie sich mit ausgestreckten Beinen auf den Rücken. Zwischen den Füßen haben Sie ein Kissen. Drücken Sie die Füße möglichst fest gegeneinander.

Legen Sie den rechten Fuß auf den linken, so daß die Knöchel etwas gekreuzt sind. Drücken Sie dann mit dem rechten Fuß nach unten und mit dem linken nach oben und umgekehrt.

Phase II: Basistraining

1. Teil: Informationsaufnahme

Buchstaben kreuz und quer

Bilden Sie aus benachbarten Buchstaben Wörter, die mindestens 3 Buchstaben haben. Es dürfen keine Fremd- oder Phantasiewörter vorkommen. Alle Wörter müssen in einem Wörterbuch stehen.

Ein Beispiel zeigt, wie es geht:

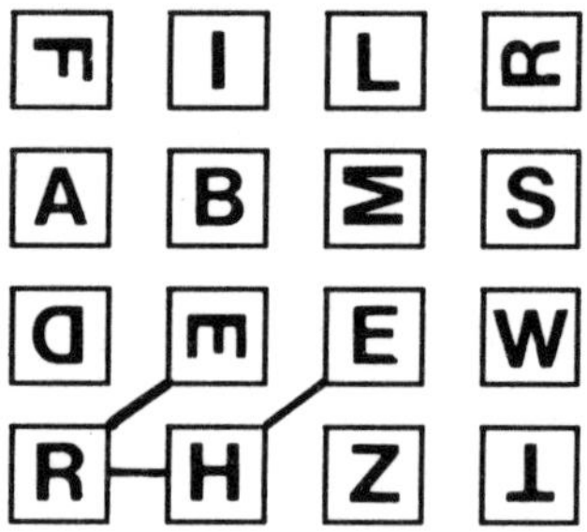

EHRE

____

____

____

Wie heißt die nächste Zahl?

3 – 7 – 12 – 18 – 25 – _____

3 – 7 – 4 – 8 – 5 – 9 – _____

Welche Zahl fehlt?

1 – 4 – 9 – 16 _____ – 36

3 – 6 – 8 – 16 – 18 – _____ – 38

2. Woche - 5. Übungstag

2. Teil: Informationsspeicherung

Zahlenpaare

Prägen Sie sich möglichst schnell diese Zahlenpaare ein.
Danach blättern Sie bitte um. ➤

8	4	7	2	9
2	4	3	8	5

„Frauen"

Schauen Sie sich bitte die Frauen genau an, und blättern Sie danach um. ➤

Phase II: Lösungen und Fortsetzungen

Lösungen

Buchstaben kreuz und quer

Hier sind einige Wörter, die im Spiel enthalten sind. Sicher haben Sie noch mehr oder andere gefunden.

EHRE, WEM, MEER, SEE, SEHER, BAD, DER, MEHR, REH,

DEM, TEER, MET, ADER, EHE, FILM, FILME, FILMEHE, etc.

Wie heißt die nächste Zahl?

3 – 7 – 12 – 18 – 25 – 33

3 – 7 – 4 – 8 – 5 – 9 – 6

Welche Zahl fehlt?

1 – 4 – 9 – 16 – 25 – 36

3 – 6 – 8 – 16 – 18 – 36 – 38

2. Woche - 5. Übungstag

Fortsetzungen

➤ Zahlenpaare

Füllen Sie die leeren Kästchen mit den Zahlen aus, an die Sie sich noch erinnern. Zum Vergleich können Sie dann wieder zurückblättern.

➤ „Frauen"

Versuchen Sie bitte, diese Fragen zu beantworten, ohne zurückzublättern. Erst nach Beantwortung der letzten Frage sollten Sie mit der Vorderseite vergleichen.

– Wie viele Frauen tragen keine Kopfbedeckung? ______

– Welche Frauen tragen eine Handtasche?

____

– Wo sind die Hände der mittleren Frau?

____

– Trägt eine Frau eine Brille? Wenn ja, welche?

____

– Was hat die 2. Frau von links in ihren Armen?

____

Phase III: Merk-Zettel

Wissenswertes

Psychische (geistig-seelische) Alterungsursachen I

Um geistig bis ins hohe Alter fit zu bleiben, sollte man neben den körperlichen auch die psychischen (geistig-seelischen) Alterungsursachen kennen.

Einige Ursachen, die Menschen schneller altern lassen, sind z. B.:

- ein passives Leben führen
- allgemein wenig Interessen haben
- keinen Hobbys oder Freizeitbeschäftigungen nachgehen
- zu geringe Anforderungen an sich stellen
- wenig Kontakte zu Mitmenschen, Freunden, Bekannten etc.

Wissenschaftler haben herausgefunden, daß es Persönlichkeitsmerkmale und -eigenschaften gibt, die ein vorzeitiges Altern verhindern.

Wer z. B. geistig und körperlich aktiv ist, bleibt länger fit und lebt länger! Zum „geistig aktiv sein" gehört:

- mit Interesse das Geschehen der Umgebung und in der Welt verfolgen
- innerlich ausgeglichen und tolerant sein
- Hobbys pflegen oder neue schaffen
- spontan sein
- noch viele Zukunftsträume und -pläne haben
- viele Fragen stellen – wer fragt hat Zukunft!

Diese Persönlichkeitsmerkmale haben sich als sehr wichtig für das seelische Wohlbefinden erwiesen.

Dieses wiederum wirkt sich auch auf die körperliche Gesundheit aus. Das bedeutet: Ein seelisch ausgeglichener Mensch verfügt oftmals auch über eine bessere körperliche Gesundheit und Leistungsfähigkeit. Daher erreichen aktive Menschen oft ein höheres Alter.

Aktivsein ist aber nicht nur einigen wenigen vorbehalten. Jeder Mensch kann versuchen, in dem ihm möglichen Rahmen geistig und körperlich aktiv zu sein oder zu werden!

Geistige und körperliche Beweglichkeit ist die Voraussetzung für die persönliche Lebensqualität.

2. Woche - 5. Übungstag

Planungsbogen für den Tag **Datum:**

Vormittag: Gehirn-Jogging

Nachmittag:

Abend:

Mein besonderes Tagesziel:

Phase III:
Merk-Zettel – Fragen zum Vorta

Wissenswertes

■ Wann helfen Vorbeugungen nicht mehr?

■ Was ist das „Risiko-Dreigespann"?

■ Was hilft gegen „Fettleibigkeit"?

■ Was ist zu tun bei Bluthochdruck und Zucker?

2. Woche - 5. Übungstag

Zum Tagesplan des Vortages

Haben Sie gestern Ihren Tagesplan eingehalten? Schreiben Sie hier bitte auf, was Sie gestern erledigt haben.

Vormittag: Gehirn-Jogging

Nachmittag:

Abend:

Mein besonderes Tagesziel war:

Phase IV: Denk-Mal

Die Aufteilung

Ein König hatte vier Söhne. Als er starb, hinterließ er ihnen sein Reich. Im Testament verfügte er, es so aufzuteilen, daß jeder Teil mit den anderen drei Teilen jeweils eine gemeinsame Grenzlinie hat.

Wie muß die Aufteilung erfolgen?

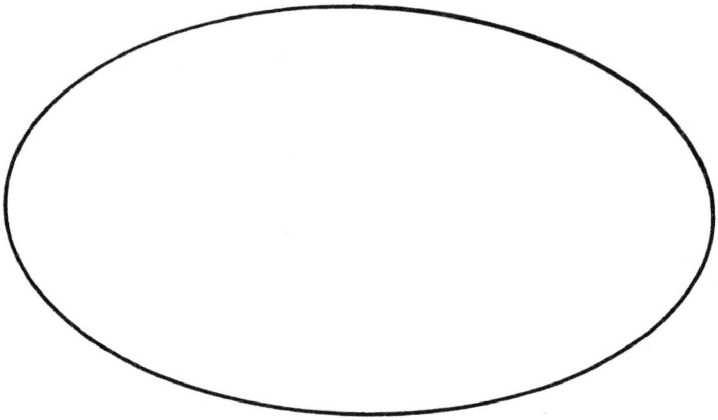

2. Woche - 5. Übungstag

Tip des Tages

Fernsehprogramm
Haben Sie sich schon einmal über ein wirklich schlechtes Fernsehprogramm geärgert?

Wenn Sie sich mal wieder so richtig ärgern, dann schalten Sie doch Ihren Fernseher einfach aus, und schreiben Sie an die entsprechende Fernsehanstalt.

Schicken Sie den Brief aber nicht sofort ab, sondern erst am nächsten Tag oder vielleicht auch gar nicht. Manchmal formuliert man im ersten Ärger den ein oder anderen Satz etwas zu scharf und bedauert später, daß man sich nicht etwas „diplomatischer" ausgedrückt hat.

Schreiben Sie aber nicht nur, wenn Sie etwas geärgert hat, sondern auch, wenn Sie ein Programm sehr schön gefunden haben. Auch die Fernsehprogramme werden nur von Menschen gemacht.
Und Lob tut jedem Menschen gut!

Machen Sie selbst Vorschläge für Sendungen, die Sie interessieren.
Schicken Sie uns eine Kopie!

Phase IV: Lösung und Denk-Netz

Die Aufteilung

So muß die Aufteilung erfolgen:

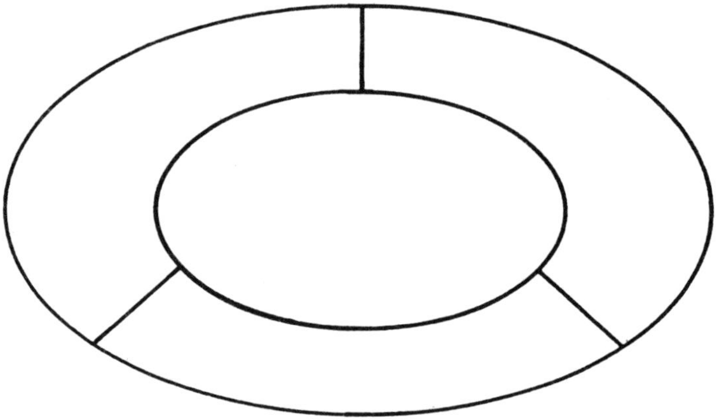

Kür-Phase V: Kopf-Kino

2. Woche - 5. Übungstag

Denk-Netz

Hier ist Platz für Ihr Denk-Netz zum „Wissenswerten" aus dem Merk-Zettel von heute.

Führen Sie im Laufe des Tages Ihr Kopf-Kino-Programm durch, immer dann, wenn Sie Zeit und Lust dazu haben.

Phase I: Aufwärmübung

1. Teil: Atemtechnik

Denken Sie bitte an den Atem-Rhythmus:

6 Pulsschläge lang einatmen, 3 Pulsschläge lang die Luft anhalten, 6 ausatmen (denken Sie an den U-Ton), 3 Pause und wieder langsam einatmen. Wiederholen Sie diesen Atem-Rhythmus etwa 10 mal.

Stellen Sie sich langsam anrollende, riesige Meereswellen vor.

2. Woche - 6. Übungstag

2. Teil: Gymnastische Übungen

Beine anheben

Legen Sie sich flach und mit gestreckten Beinen auf den Rücken. Ihre Arme sind dicht am Körper. Heben Sie nun beide Beine mit durchgedrückten Knien langsam an, und lassen Sie Ihre Beine wieder genauso langsam sinken. Führen Sie diese Übung etwa 5 mal durch.

Isometrische Übungen

Führen Sie jede Übung 3 mal durch. Spannen Sie Ihre Muskeln jeweils 6 Sekunden lang mit maximaler Kraft an, und lassen Sie dann sofort los und entspannen Sie. Vergessen Sie nicht, auch während der Anspannung zu atmen.

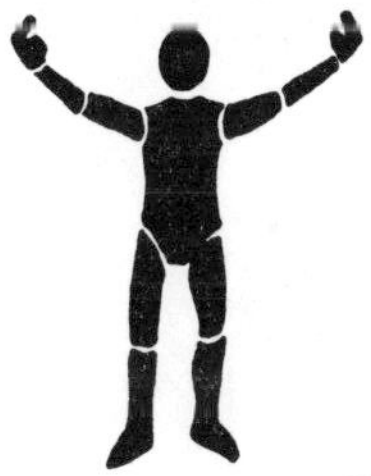

Strecken Sie die Arme weit auseinander. Stellen Sie sich vor, Sie müßten eine riesengroße Kugel umfassen und ganz fest drücken.

Setzen Sie sich an einen Tisch, und legen Sie die Hände unter die Tischplatte mit nach oben gedrehten Handflächen. Versuchen Sie, den Tisch zu heben, indem Sie Ihre Ellbogen anwinkeln.

Phase II: Basistraining

1. Teil: Informationsaufnahme

Anagramm

Bei diesem Spiel können Sie aus einem vorgegebenen Wort so viele Wörter wie möglich machen.

Es müssen nicht alle Buchstaben des gegebenen Wortes verwendet werden, und die Reihenfolge der Buchstaben kann verändert werden. Aber es dürfen keine Buchstaben hinzugefügt oder verdoppelt werden.

Hier ein Beispiel mit dem Wort

HAUSMEISTER

HAUS-MEISTER-EIS-AUS-SAUM - SAU - RAUS - TAU - MAUS - EITER - EI - EIER - MEISE - REISE - AUSTER -

Probieren Sie es jetzt mit dem Wort – **SONNENBRAND** – Viel Spaß!

Zahlenquartett

Unterstreichen Sie jeweils vier nebeneinander stehende Zahlen, deren Summe 13 ergibt. Hier kommt es auf das Tempo an.

4 3 3 5 4 2 2 1 7 1 3 5 9 1 2 1 7 5 8 4 2 4 3 7 1

2. Woche - 6. Übungstag

2. Teil: Informationsspeicherung

Buchstaben-Quadrat

Versuchen Sie, sich die Lage der Buchstaben in den Quadraten einzuprägen.

Nach ca. 1 Minute blättern Sie bitte um. ➤

	F					I	
L			A				
	B					N	
							O

Silbensalat

Hier sind eine ganze Mange Silben durcheinandergeraten. Können Sie sich alle einprägen? Die Reihenfolge ist nicht so wichtig. Danach blättern Sie bitte um. ➤

gen lau ver ung

sol ste rau run

Phase II: Lösungen und Fortsetzungen

Lösungen

Anagramm

Hier sind einige Beispiele, vielleicht haben Sie noch andere oder sogar noch mehr Wörter gefunden!

SONNE – BRAND – SAND – RAND – SO – DENN – DANN
BAND – ANDEN – ADER – ODER – OBER – ABER – ...

Zahlenquartett

Unterstreichen Sie jeweils die vier Zahlen, deren Summe 13 ergibt. Hier kommt es auf das Tempo an.

4 3 3 5 4 2 2 1 7 1 3 5 9 1 2 1 7 5 8 4 2 4 3 7 1

2. Woche - 6. Übungstag

Fortsetzungen

Buchstaben-Quadrat

Wissen Sie noch, welcher Buchstabe in welchem Quadrat war? Versuchen Sie, möglichst viele aus dem Gedächtnis wieder an den richtigen Platz zu schreiben.

Silbensalat

Erinnern Sie sich noch an alle Silben?

Schreiben Sie bitte möglichst viele hier auf. Die Reihenfolge spielt dabei keine Rolle. Zum Vergleich brauchen Sie nur zurückzublättern.

Phase III: Merk-Zettel

Wissenswertes

Psychische (geistig-seelische) Alterungsursachen II

Belastende Ereignisse

Die Lebensphase des Alterns ist oft auch durch eine Häufung belastender Ereignisse gekennzeichnet:

■ Bei vielen Menschen verringert sich im höheren Alter die Zahl der persönlichen Verbindungen und Beziehungen. Dadurch wächst die Gefahr der Isolation und Vereinsamung. Knüpfen Sie neue Bekanntschaften und Freundschaften!

Denken Sie daran, daß sich auch andere Menschen Ihres Alters genau in der gleichen Situation befinden. Es ist wichtig, daß Sie die Initiative ergreifen und damit auch anderen helfen! Dafür haben wir Ihnen ja schon Tips gegeben.

■ Mit dem Ausscheiden aus dem Berufsleben und dem Beginn des „Rentner"-Daseins entsteht bei vielen Menschen ein Gefühl der Leere und Nutzlosigkeit. Dies läßt sich verhindern. Nutzen Sie Ihre vielfältigen Fähigkeiten und Erfahrungen. Begreifen Sie diese Lebensphase als eine Chance. Tun Sie endlich einmal Dinge und lernen Sie neue Fähigkeiten, für die bislang durch Beruf oder Kinder-Erziehen zu wenig Zeit blieb. Die meisten Menschen können sehr viel mehr, als sie bislang selbst wußten. Probieren Sie es!

■ Im Alter fällt es manchmal schwer, komplizierte oder neue Situationen zu bewältigen. Auch das läßt sich ändern. Planen Sie einfach mehr Zeit ein, wenn Sie wissen, daß etwas „Neues" auf Sie zukommt. Gehen Sie mit großer Gelassenheit an alle neuen Dinge heran. Nutzen Sie Ihre natürliche Neugierde! Freuen Sie sich auf alles Neue!

Geistig fit sein heißt: Tun Sie jeden Tag etwas Schönes und Neues!

Machen Sie Kopf-Kino, und spielen Sie die neue Situation gedanklich durch!

2. Woche - 6. Übungstag

Planungsbogen für den Tag **Datum:**

Vormittag: Gehirn-Jogging

Nachmittag:

Abend:

Mein besonderes Tagesziel:

Versuchen Sie es doch einmal mit Zeichnen oder Malen!

Phase III:
Merk-Zettel – Fragen zum Vortag

Wissenswertes

- Kann sich seelisches Wohlbefinden auf die körperliche Gesundheit auswirken?

- Gibt es etwas, das vorzeitiges Altern verhindert?

- Worin unterscheiden sich langfristig körperlich und geistig aktive Menschen von eher passiven?

- Sind Persönlichkeitsmerkmale eines Menschen grundsätzlich unveränderbar?

2. Woche - 6. Übungstag

Zum Tagesplan des Vortages

Haben Sie gestern Ihren Tagesplan eingehalten? Schreiben Sie hier bitte auf, was Sie gestern erledigt haben.

Vormittag: Gehirn-Jogging

Nachmittag:

Abend:

Mein besonderes Tagesziel war:

Phase IV: Denk-Mal

Südamerika

Stellen Sie sich einmal vor, Sie sollten eine Landkarte von Südamerika erstellen. Die Umrisse und Ländergrenzen haben Sie bereits gezeichnet. Jetzt müssen Sie nur noch die Länder farbig ausmalen.

Wie viele Farben brauchen Sie höchstens dazu, wenn Länder mit gemeinsamen Grenzen niemals die gleiche Farbe haben dürfen? Benötigen Sie drei, vier, fünf oder sechs Farben?

Das beste ist, Sie probieren es mit Stiften aus!

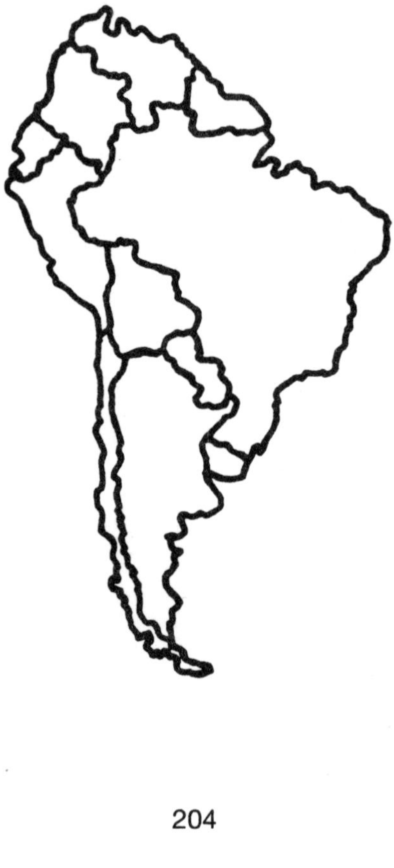

2. Woche - 6. Übungstag

Tip des Tages

Museum

Besuchen Sie ein Museum.

In Ihrer Nähe gibt es vielleicht ein Heimatmuseum. Haben Sie nicht auch alte Dinge, die typisch sind oder waren für Ihre Heimat? Vielleicht finden Sie sogar einige davon im Museum wieder.

Wagen Sie sich auch ruhig einmal in ein Museum mit moderner Kunst. Nur keine Vorurteile! Es kann ja sein, daß Ihnen einige dieser „verrückten Sachen" doch gefallen.

Vielleicht kaufen Sie Drucke von besonders schönen Bildern! Wechseln Sie doch einmal die Bilder in Ihrer Wohnung.

In Leihbüchereien gibt es viele Bildbände von berühmten Malern. Vergleichen Sie die Bilder eines Malers ganz genau, und beobachten Sie dessen Entwicklung, den Aufbau der Bilder, die Technik und Methoden.

Phase IV: Lösung und Denk-Netz

Südamerika

Sie brauchen dazu höchstens vier verschiedene Farben.

Kür-Phase V: Kopf-Kino

2. Woche - 6. Übungstag

Denk-Netz

Hier ist Platz für Ihr Denk-Netz zum „Wissenswerten" aus dem Merk-Zettel von heute.

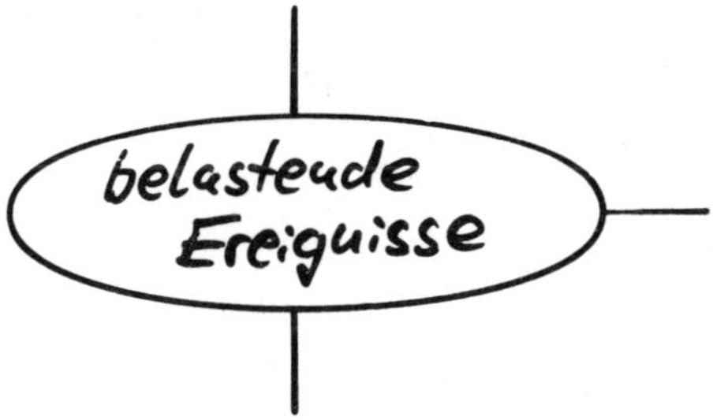

Führen Sie im Laufe des Tages Ihr Kopf-Kino-Programm durch, immer dann, wenn Sie Zeit und Lust dazu haben.

Phase I: Aufwärmübung

1. Teil: Atemtechnik

Denken Sie bitte an den Atem-Rhythmus:

6 Pulsschläge lang einatmen, 3 Pulsschläge lang die Luft anhalten, 6 ausatmen (erzeugen Sie bitte den U-Laut), 3 Pause und wieder langsam einatmen. Wiederholen Sie diesen Atem-Rhythmus etwa 10 mal.

Stellen Sie sich langsam anrollende, riesige Meereswellen vor.

2. Woche - 7. Übungstag

2. Teil: Gymnastische Übungen

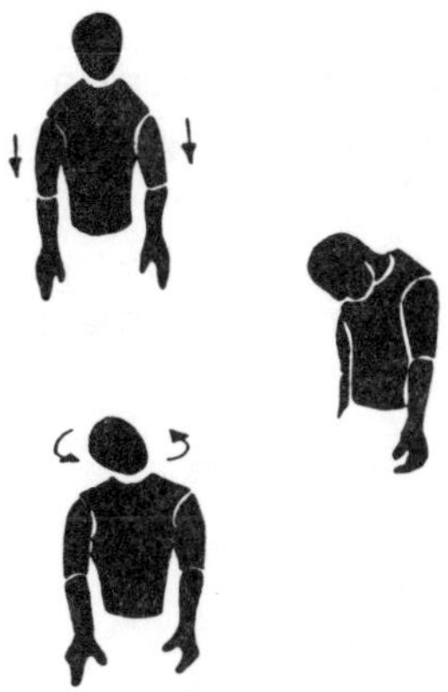

Lockern der Nackenmuskulatur

1. Heben Sie Ihre Schultern an, und lassen Sie sie dann nach unten fallen.
2. Lassen Sie Ihren Kopf nach vorn auf die Brust fallen.
3. Drehen Sie Ihren Kopf kreisförmig nach vorn, zur Seite, nach hinten. Den Oberkörper dürfen Sie dabei nicht mitbewegen.

Isometrische Übungen

Führen Sie jede Übung 3 mal durch. Spannen Sie Ihre Muskeln jeweils 6 Sekunden lang mit maximaler Kraft an, und lassen Sie dann sofort los und entspannen Sie. Vergessen Sie nicht, auch während der Anspannung zu atmen.

Legen Sie sich auf den Rücken. Die Arme ruhen neben dem Körper. Drücken Sie mit aller Kraft die Hände nach unten auf die Unterlage.

Legen Sie sich auf die rechte Seite. Ihre zwei Hände sind unter der rechten Wange. Drücken Sie mit dem Kopf fest dagegen. Dasselbe wiederholen Sie auf der linken Seite.

Phase II: Basistraining

1. Teil: Informationsaufnahme

Spieglein – Spieglein

Die untere Hälfte des Feldes ist frei.

Versuchen Sie bitte, das Muster in die leeren Kästchen zu übertragen, aber spiegelbildlich!

Das ist zwar nicht ganz einfach, aber versuchen Sie es ruhig einmal. Wenn Sie die Kästchen ausgemalt haben, finden Sie auf der Seite 212 die Lösung.

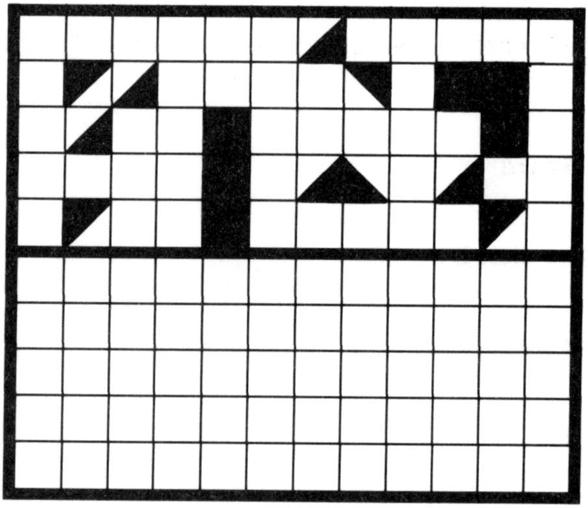

Wie heißt die nächste Zahl?

5 – 6 – 9 – 10 – 13 – 14 – ___

Wie heißt die fehlende Zahl?

1 – 2 – 4 – 8 – 10 – ___ – 22

2. Woche - 7. Übungstag

2. Teil: Informationsspeicherung

Telefonbuch

Prägen Sie sich die Namen und die Telefonnummern ein:

Karl Schultze	492068
Martha vom Hofe	138207

Bitte umblättern ►

Telefonnummern zu lernen ist wichtig, weil Sie damit auch üben, Ihre privaten Telefonnummern zu behalten.

Begriffs-Paare

Prägen Sie sich bitte folgende Begriffs-Paare ein:

Gesunder Lebensstil

Gute Ernährung

Ausreichende Bewegung

Seelisches Wohlbefinden

Aktive Persönlichkeit

►

Phase II: Lösungen und Fortsetzungen

Lösungen

Spieglein – Spieglein

Hier ist die Lösung. So muß die untere, spiegelbildliche Hälfte aussehen.

Wie heißt die nächste Zahl?

Die Regel ist: + 1 + 3 + 1 + 3 + 1 + 3
Die nächste Zahl ist also **17.**

Wie heißt die fehlende Zahl?

Die Regel ist: · 2 + 2 · 2 + 2 · 2 + 2
Die fehlende Zahl ist also **20.**

2. Woche - 7. Übungstag

Fortsetzungen

➤ Telefonbuch

Erinnern Sie sich?

Ergänzen Sie bitte die fehlenden Angaben:

____ Schultze	49____
Martha ________	13____

Zur Kontrolle können Sie jetzt zurückblättern.

➤ Begriffs-Paare einprägen

Haben Sie sich alle Begriffs-Paare merken können?

Schreiben Sie sie hier bitte auf.

Die Reihenfolge muß nicht richtig sein.

1. ________________________________

2. ________________________________

3. ________________________________

4. ________________________________

5. ________________________________

Phase III: Merk-Zettel

Wissenswertes

Gesundes Altern

Oft gibt es zwischen einer gesundheitlichen Gefährdung (z. B. Rauchen) und einer Krankheit (Bronchitis, Lungenkrebs) einen direkten Zusammenhang.
Aber nicht immer ist es so leicht, für eine körperliche oder seelische Beeinträchtigung eine direkte Ursache zu finden.

Geist und Körper des Menschen funktionieren und reagieren oft sehr kompliziert. Manchmal löst zwar eine gesundheitliche Gefährdung eine Krankheit aus, oder mehrere Gefährdungen zusammen eine Krankheit, aber ein direkter Zusammenhang ist nicht zu erkennen.
Wenn jedoch die Ursache einer Krankheit nicht eindeutig zu bestimmen ist, wird eine medizinische Betreuung sehr schwierig. Dann kümmert man sich mehr um die Folgen, als um die Ursachen.

Deshalb ist es wichtig, vorbeugend gesund zu leben und möglichst alle gesundheitlichen Gefährdungen auszuschließen. Das Risiko zu erkranken läßt sich so vermindern und das Altern günstig beeinflussen.

Es ist also möglich, gesund alt zu werden!
Machen Sie sich einen Plan, was Sie zukünftig für Ihre Gesundheit tun wollen.

2. Woche - 7. Übungstag

Planungsbogen für den Tag **Datum:**

Vormittag: Gehirn-Jogging

Nachmittag:

Abend:

Mein besonderes Tagesziel:

Phase III: Merk-Zettel – Fragen zum Vortag

Wissenswertes

- Wie können Sie die Gefahren der Isolation oder Vereinsamung vermeiden?

___

___

- Welche Chancen bietet die Zeit nach der Pensionierung?

___

___

- Wie lassen sich neue Situationen bewältigen?

___

___

___

2. Woche - 7. Übungstag

Zum Tagesplan des Vortages

Haben Sie gestern Ihren Tagesplan eingehalten? Schreiben Sie hier bitte auf, was Sie gestern erledigt haben.

Vormittag: Gehirn-Jogging

Nachmittag:

Abend:

Mein besonderes Tagesziel war:

Phase IV: Denk-Mal

Eins zuviel

Bei den folgenden Wortketten, sind jeweils 4 Wörter durch eine Gemeinsamkeit miteinander verbunden. Ein fünftes hat sich eingeschlichen, es gehört nicht dazu. Versuchen Sie bitte, dieses Wort herauszufinden. **Ein Beispiel:**

Lofoten – Alpen – Balearen – Seychellen – Hebriden

Gemeinsamkeit: Inselgruppen. Die Alpen passen also nicht in diese Reihe, denn sie sind ja eine Gebirgskette.

1) Skat - Canasta - Bridge - Halma - Rommé
2) Diamant - Karneol - Saphir - Opal - Silber
3) Venus - Mars - Zerberus - Merkur - Uranus
4) Spinett - Harfe - Cembalo - Orgel - Harmonium
5) Bernhardiner - Trakehner - Neufundländer - Dobermann - Terrier
6) Rahn - Seeler - Beckenbauer - Müller - Herberger
7) Augustiner - Dominikaner - Samariter - Franziskaner - Trappisten
8) Weizen - Roggen - Erbsen - Hafer - Gerste
9) Montmartre - Eiffelturm - Zwinger - Notre-Dame - Moulin Rouge

Lern-Strategie

Das Behalten langer Texte

Wenn Sie lange Texte lesen, wird es sehr schwer, diese auch vollständig zu behalten. Nutzen Sie deshalb folgende Techniken, um sich Informationen leichter einzuprägen:

- **Unterstreichen** Sie wichtige und neue Informationen oder auch neue und schwere Ausdrücke.
- Machen Sie während des Lesens **Notizen** über neue Informationen oder Ihre Gedanken zum Text.
- Abschnitte, die inhaltlich zusammengehören, sollten Sie kurz **zusammenfassen.**
- Die wesentlichen Informationen eines Textes lassen sich mit dem **Denknetz** leichter behalten, weil durch die bildhaft-räumliche Darstellung die Zusammenhänge und Verknüpfungen deutlicher werden.

Ein besonderer Tip: Verfolgen Sie doch einmal eine Fernseh-Sendung mit einem Notizblock!

2. Woche - 7. Übungstag

Tip des Tages

Krimi lesen

Haben Sie nicht einmal Lust, einen richtig spannenden Krimi zu lesen?

In Ihrer Stadtbücherei gibt es bestimmt viele. Gegen Vorlage Ihres Personalausweises bekommen Sie für wenig Geld einen Leseausweis. Damit können Sie so viele Bücher ausleihen, wie Sie wollen, meistens sogar kostenlos.

Aber denken Sie daran:
Der Gärtner ist nicht immer der Mörder!

Phase IV: Lösung und Denk-Netz

Eins zuviel

1) Kartenspiele: Halma ist ein Brettspiel.
2) Edelsteine: Silber ist ein Edelmetall.
3) Planeten: Zerberus hieß der Höllenhund der Antike.
4) Tasteninstrumente: Eine Harfe hat keine Tasten.
5) Hunderassen: Trakehner sind Pferde.
6) Fußballspieler: Herberger war Fußball-Trainer.
7) Katholische Orden: Samariter heißen freiwillige Krankenpfleger.
8) Getreidearten: Erbsen sind Hülsenfrüchte.
9) Pariser Sehenswürdigkeiten: Der Zwinger ist in Dresden.

Kür-Phase V: Kopf-Kino

2. Woche - 7. Übungstag

Denk-Netz

Hier ist Platz für Ihr Denk-Netz zum „Wissenswerten" aus dem Merk-Zettel von heute.

Führen Sie im Laufe des Tages Ihr Kopf-Kino-Programm durch, immer dann, wenn Sie Zeit und Lust dazu haben.